NOS GARÇONS EN DANGER !

DU MÊME AUTEUR
(extraits)

Ne sois pas triste mon enfant. Comprendre et soigner la dépression chez les petits, R. Laffont, 1999 ; rééd. Marabout, 2003.

Adolescents, la crise nécessaire, Fayard, 2000 ; rééd. Marabout, 2007.

Nos enfants aussi ont un sexe. Comment devient-on fille ou garçon ?, R. Laffont, 2001 ; rééd. Pocket, 2003.

Ils n'ont d'yeux que pour elle. Les enfants et la télé, Fayard, 2002 ; rééd. sous le titre *Enfants accros de la télé. Ils n'ont d'yeux que pour elle*, Marabout, 2003.

Comment survivre quand les parents se séparent (avec Bernadette Costa-Prades), Albin Michel, 2004 ; rééd. Le Livre de poche, 2012.

Séparons-nous... mais protégeons nos enfants, Albin Michel, 2004.

Comment devient-on homo ou hétéro ?, Lattès, 2006

Parents, osez vous faire obéir ! (avec Bernadette Costa-Prades), Albin Michel, 2007.

Guide de l'ado à l'usage des parents, Calmann-Lévy, 2008 ; rééd. Le Livre de poche, 2009.

La mère parfaite, c'est vous (avec Danièle Laufer), Hachette Littératures, 2008.

Les Kilos émotionnels. Comment s'en libérer sans régime ni médicaments, Albin Michel, 2009 ; rééd. Le Livre de poche, 2012.

Le Pédopsy de poche, Marabout, 2010 ; rééd. 2013.

Réussir à l'école. Une question d'amour ?, Larousse, 2012.

Soigner son moral au naturel, Albin Michel, 2012.

L'Amour et les Kilos (avec Bernadette Costa-Prades), Albin Michel, 2014.

Dr Stéphane Clerget

NOS GARÇONS EN DANGER !

ÉCOLE, SANTÉ, MATURITÉ

Pourquoi c'est plus compliqué
pour eux et comment les aider

Flammarion

© Flammarion, 2015
ISBN : 978-2-0813-2999-7

À mon petit garçon

Introduction

Dur, dur d'être un garçon !

Les progrès accomplis ces vingt dernières années en matière d'égalité entre les sexes ont commencé à transformer vertueusement nos sociétés. Mais ils n'ont pas été sans conséquences sur le développement et l'équilibre de nos garçons, qui peinent aujourd'hui, beaucoup plus que les filles, à se construire psychologiquement et intellectuellement. Il est donc urgent d'adapter nos politiques éducatives et familiales si nous ne voulons pas, à terme, inverser le problème : la surféminisation du personnel éducatif, qui pénalise les garçons en quête de modèle masculin, la multiplication des familles recomposées, qui généralise le retrait de la figure paternelle, la physiologie et la nature même des garçons qui les exposent davantage aux maladies d'apprentissage et aux comportements à risque, l'image même de l'homme véhiculée par les médias sont autant de dangers qui fragilisent nos garçons et comprometent grandement leur avenir.

Certes, à l'échelle de la planète, la majorité des futures mères espèrent avoir un garçon plutôt qu'une fille. C'est le cas en Chine depuis la mise en application de la politique de l'enfant unique, qui n'a été assouplie que très récemment ; en Inde, des fillettes sont éliminées avant la naissance une fois le sexe du fœtus déterminé à l'échographie. Le nombre restreint des femmes au sein de la population indienne devrait logiquement leur accorder un certain pouvoir, mais c'est l'inverse qui se produit : elles sont victimes d'un nombre croissant de trafics et de violences. La souffrance des femmes dans le monde est une réalité reconnue et condamnée en Occident. Il n'en reste pas moins vrai que dans nos sociétés pèsent aujourd'hui sur les jeunes garçons de nombreuses menaces, tant sur leur bien-être, leur santé physique et psychique, leur réussite scolaire, leur épanouissement que sur leur devenir. Être aveugle à leurs difficultés grandissantes n'est pas leur rendre service.

À leur faiblesse constitutionnelle, illustrée par un taux de mortalité infantile et de prématurité plus important, s'ajoute l'influence de la testostérone, qui les pénalise à tout âge, dans les compétences relationnelles comme dans la maîtrise de l'agressivité ou de l'impulsivité. Les retards de développement et diverses pathologies telles que le trouble de déficit de l'attention, la dyslexie, l'autisme touchent majoritairement les garçons. Ils sont aussi gravement menacés par des comportements destructeurs manifestement plus fréquents : conduite d'opposition et violences physiques, conduites à risques, accidents graves ou mortels, usage de stupéfiants, cyberpornographie, troubles de la sexualité, dépendance aux jeux vidéos, conduites délinquantes, suicides...

INTRODUCTION

La scolarité est un domaine qui est altéré par ces divers points de fragilité. Aujourd'hui, l'Éducation nationale fait de la progression du niveau des filles en mathématique sa priorité. C'est très bien, mais cet arbre cache la forêt de l'échec scolaire des garçons, qui ne cesse de croître depuis vingt ans :

- Dès le cours préparatoire, ils sont en effet plus nombreux à redoubler (et ce n'est pas en supprimant le redoublement ou les notes qu'on améliorera leurs performances).
- Jusqu'en terminale ils sont surreprésentés parmi les élèves en difficultés.
- Moins nombreux à accéder aux études supérieures, ils sont majoritaires dans les filières courtes.
- À diplôme égal ils l'obtiennent plus tardivement que les filles.
- Les deux tiers des adolescents qui sortent de l'école sans diplôme sont des garçons.

Je propose, pour permettre une prise de conscience, de faire un état des lieux de la place des garçons à l'école et dans la société ; et, pour que le danger qui les guette ne perdure pas, de mettre en place urgemment des actions éducatives et pédagogiques spécifiques.

I
LES GARÇONS À L'ÉCOLE

1

TOUS DES CANCRES

Les chiffres parlent d'eux-mêmes. Le système scolaire, symbole de l'égalité des chances, est désormais profondément inégalitaire. Il l'était avant la Seconde Guerre mondiale au détriment des jeunes filles, il l'est aujourd'hui au détriment des garçons, qui sont désormais majoritairement en échec scolaire. De nos jours, quelle que soit la classe sociale dont ils sont issus, les garçons sont en moyenne moins performants que les filles. Cela n'inquiète pourtant en rien les pouvoirs publics, qui n'ont accordé que peu d'attention, en France, à l'enquête PISA [1] de 2012 et aux résultats de la dernière enquête du SIEI [2] de 2013 qui confirment cette inégalité flagrante en termes de réussite scolaire toutes classes confondues.

Des inégalités sociales aux inégalités sexuelles

Depuis longtemps l'échec scolaire n'est mesuré qu'à l'aune des inégalités sociales, les élèves issus de milieux défavorisés réussissant beaucoup moins bien leur scolarité que ceux issus des milieux favorisés, en effet très majoritairement parmi les titulaires des diplômes supérieurs. À telle enseigne que certaines écoles supérieures ont établi des quotas d'élèves issus de milieux populaires, prenant exemple sur ce que certaines écoles américaines avaient mis en place pour accueillir les minorités ethniques.

Si la fracture sociale n'est pas contestable, elle ne doit pas masquer une autre fracture, la « fracture sexuée », selon les termes de Jean-Louis Auduc, l'un des rares pédagogues à s'être emparé du problème et à avoir proposé des solutions, notamment dans son livre *Sauvez les garçons*, où, après avoir recensé des indicateurs statistiques qui sont fonction de la différence entre les sexes, il étudie des initiatives prises à l'étranger pour répondre aux besoins éducatifs des garçons (celles de l'Australie, par exemple, à partir de 2005)[3]. Aujourd'hui, en France comme dans d'autres pays occidentaux, l'échec scolaire est devenu en majeure partie masculin. À partir des années 1970, qui avaient vu les résultats des filles rattraper ceux des garçons, la tendance s'est inversée et n'a cessé de croître au détriment des garçons. Au début des années 1980, le nombre des bachelières dépassait déjà celui des bacheliers. Et, depuis, l'écart de réussite entre les filles et les garçons n'a fait que s'accentuer, alors même que l'Éducation nationale se donne aussi pour objectif de garantir l'absence de discrimination sexuelle et d'offrir les mêmes chances de réussite à chaque enfant. Or, dès l'école primaire, les garçons sont surreprésentés parmi les élèves en difficultés. Les résultats de la session 2014 du baccalauréat montrent une nette prédominance des filles parmi les lauréats du baccalauréat général (tant en pourcentage de réussite et qu'en nombre de mentions). En dehors de rares domaines comme les mathématiques et quelques grandes écoles, les garçons sont de moins en moins représentés dans les études supérieures. Pourquoi est-il si tabou de le reconnaître ?

Si des cellules de réflexion sont mises en place depuis peu dans les pays anglo-saxons, en France, ce nouveau déséquilibre n'est pratiquement pas pris en considération par les pouvoirs publics, ni d'ailleurs par les associations luttant contre les discriminations. Celles-ci, tout comme le ministère de l'Éducation nationale, s'alarment au contraire quand elles constatent, dans les écoles primaires, que les professeurs passent plus de temps auprès des garçons qu'au côté des filles, sans tenir compte des difficultés croissantes que rencontrent les premiers, ni de leur besoin accru de cours de soutien. Elles regrettent également, relayées en cela par les médias, que les garçons soient majoritaires à Polytechnique, sans relever que, parallèlement, deux tiers des 150 000 adolescents qui quittent le système scolaire sans diplôme sont des garçons [4].

On observe que les garçons commencent à échouer dès les petites classes lorsqu'ils sont confrontés aux apprentissages fondamentaux que sont la lecture et l'écriture. Et cet échec relatif s'accroît d'année en année. Alors que le ministère de l'Éducation nationale et celui des Droits des femmes des derniers gouvernements se sont fixé pour priorité non seulement d'améliorer les résultats scolaires des filles, mais également de faire en sorte qu'elles soient plus présentes dans les filières scientifiques (ce qui est évidemment une bonne initiative), ils semblent ignorer que les garçons sont plus nombreux à redoubler dès le CP, surreprésentés dans les classes pour élèves en difficultés, plus nombreux à être dans une situation d'échec scolaire du CP à la terminale, moins nombreux à accéder aux études supérieures, majoritaires dans les filières courtes et que, à diplôme égal, ils l'obtiennent plus tardivement que les filles. Comment comprendre que ces mêmes ministères ne proposent aucun projet de loi pour lutter contre cette discrimination ?

Nous l'avons dit, l'inégalité des résultats scolaires a été et est toujours souvent corrélée aux inégalités sociales. Les enfants de chômeurs, d'agriculteurs ou bien d'ouvriers réussissent moins que des enfants issus de catégories sociales plus favorisées. Et en effet la réussite scolaire n'est pas uniquement liée à la qualité de l'enseignement, elle dépend aussi du niveau d'éducation de la famille, des diverses stimulations intrafamiliales, des modèles identificatoires et des divers contextes sociaux et familiaux. Cette inégalité est une réalité qui – hélas ! – ne décroît pas, tant s'en faut. Et de nombreuses actions sont menées depuis des années pour lutter contre cet état de fait, à commencer par les zones d'éducation prioritaire (ZEP). Toutefois, l'inégalité attachée au sexe de l'élève, davantage marquée dans les milieux sociaux les moins favorisés, est totalement négligée.

L'échec des garçons n'épargne aucune classe sociale, et l'écart s'accentue à mesure qu'on descend dans l'échelle socio-économique. Les garçons issus des catégories sociales populaires sont en queue de peloton. **L'écart de réussite entre filles et garçons est trois fois plus important pour les enfants de parents inactifs ou agriculteurs que pour les enfants de cadres.** C'est dans les milieux les plus favorisés mais surtout avec le plus haut niveau d'études que les stéréotypes sont les moins marqués ; et c'est là aussi que les garçons réussissent le mieux leur parcours scolaire. Dans les milieux les moins favorisés ou dans ceux où la différence des genres est, sauf exception, la plus marquée, les milieux ruraux, sans emploi ou issus de l'immigration africaine, les garçons réussissent moins bien, et cela d'autant plus que le père est absent ; en outre, les filles, à l'inverse des garçons, se sentent davantage valorisées à l'école que chez elles.

Cette inégalité qui dépend du sexe des écoliers et dont on se préoccupe si peu est au moins aussi importante que l'inégalité sociale. En effet, au baccalauréat, les résultats d'admission des filles issues des milieux défavorisés équivalent à ceux des enfants des autres milieux ! C'est loin d'être le cas pour les garçons, qui sont donc, sur le plan scolaire tout au moins, les premières victimes des inégalités sociales. Ce phénomène n'est pas seulement français – l'ensemble des pays occidentaux est concerné –, mais il est plus aigu en France et dans les pays méditerranéens. Il est intéressant de constater que, dans les pays où le différentiel entre les hommes et les femmes est culturellement le plus fort, les garçons sont le plus pénalisés scolairement.

La lecture, un truc de fille

La lecture est à la base de la plupart des apprentissages. Or, dans ce domaine, les garçons sont particulièrement à la traîne. Ils décrochent dès la grande section de maternelle, pour preuve les prérequis à la lecture et à l'écriture. Ce décrochage s'affirme au CP, se confirme tout au long du primaire et se renforce au collège. Il semble du reste parfaitement intégré par les garçons eux-mêmes : « La lecture, c'est pour les filles », me lance Sullivan, 9 ans, en situation d'échec scolaire.

Les garçons, rapidement, rencontrent des difficultés à s'approprier les autres champs du savoir, les mathématiques mises à part. C'est pourquoi l'écart entre les résultats scolaires des filles et des garçons est visible si précocement. En France, si une fille sur huit n'arrive pas au niveau de compétence 2 en lecture – considéré comme un minimum à obtenir pour réussir son parcours scolaire et professionnel –, c'est un garçon sur trois qui ne l'atteint pas ! Et à **15 ans, la différence moyenne de niveau en compréhension écrite entre les deux sexes équivaut à une année d'étude.** Les maisons d'édition le savent bien qui, depuis deux décennies, augmentent la part relative des ouvrages pour la jeunesse destinés aux filles.

Aujourd'hui, les garçons qui ne lisent jamais pour leur plaisir sont deux fois plus nombreux que les filles ; en outre, les garçons comptabilisés comme lecteurs sont davantage adeptes de bandes dessinées, quand les filles préfèrent les romans. Malheureusement, les choses ne s'arrangent pas avec l'âge. Les jeunes hommes adultes sont deux fois plus nombreux que les jeunes filles à avoir des difficultés de lecture. D'ailleurs le lectorat de la production littéraire actuelle est majoritairement féminin. Il importe donc de réfléchir à des stratégies et de les mettre en œuvre pour non seulement améliorer l'apprentissage de la lecture chez les garçons, mais aussi pour leur en donner le goût, à l'école comme à la maison. De même faut-il poursuivre les actions visant à renforcer la confiance en soi des filles en mathématiques.

On verra plus loin que les maladies d'apprentissage qui, pour la plupart, ont des répercussions négatives sur la lecture ou l'écriture – comme la dyslexie, la dysgraphie, la dysorthographie, le déficit attentionnel avec hyperactivité, la dyspraxie… – touchent majoritairement les garçons. Mais un autre facteur, et non des moindres, explique ce différentiel : les adultes sont souvent des modèles pour les enfants. Dans les milieux populaires, là encore, les adultes qui gèrent l'écrit (les « papiers » administratifs, notamment) et montrent une attirance pour la lecture (magazines ou livres) sont essentiellement les femmes.

La bosse des math pousse sur toutes les têtes

Jusqu'au siècle dernier, en Occident, personne ne doutait que les garçons fussent plus intelligents que les filles. Leur cerveau étant plus gros, il n'était pas étonnant qu'ils réussissent mieux leurs études. On ignorait encore que la taille du cerveau en valeur absolue n'importe pas au premier chef, le volume cervical d'une personne étant proportionnel à la taille de ladite personne. On sait aujourd'hui que jadis les filles échouaient davantage à l'école parce qu'elles étaient moins stimulées intellectuellement et scolairement – n'étant pas destinées à occuper de hauts postes –, mais aussi parce que les modèles étudiants de leur sexe étaient très rares. Aussi se croyaient-elles moins intelligentes, au motif que tout le monde en convenait. De nos jours, c'est un peu la même chose avec nos garçons. On explique leur moindre performance par des différences qui seraient inhérentes à leur constitution masculine (génétiques ou hormonales) : s'ils échouent davantage, c'est parce qu'ils sont moins studieux, plus agités, plus instables, moins attentifs, plus hyperactifs. Mais **l'environnement scolaire, social ou familial ne serait-il pas tout simplement devenu inadapté ?**

En mathématiques et en sciences, les garçons semblent garder une longueur d'avance sur les filles dans la plupart des pays développés, bien que le niveau des filles ne cesse de progresser. Ceux qui y voient des raisons neurobiologiques, voire génétiques, oublient que dans d'autres pays (Islande, Jordanie, Qatar, Thaïlande, Malaisie) le niveau des filles est supérieur à celui des garçons [5]. Dans nos écoles, à niveau égal en mathématiques, les filles sont moins nombreuses à choisir la filière scientifique. Pourtant elles restent plus nombreuses à obtenir un baccalauréat scientifique. Cette faiblesse relative du nombre de filles dans les domaines scientifiques est l'argument avancé, notamment par le ministère de l'Éducation nationale [6], pour continuer de prétendre que la scolarité est d'abord favorable aux garçons.

Pour le psychologue et chercheur Serge Ciccotti, les femmes sont moins nombreuses dans les domaines scientifiques, car les milieux purement scientifiques sont peu propices aux interactions sociales. Les femmes se détourneraient donc de ce type de métiers afin d'embrasser des carrières jugées socialement plus épanouissantes. Ajoutons que les modèles de femmes scientifiques sont moins nombreux et que les filles ont à leur disposition plus d'orientations possibles que les garçons ; en effet, contrairement à eux, lorsqu'elles sont excellentes en mathématiques, elles le sont également dans les autres matières [7]. La résistance des garçons en mathématiques doit aussi beaucoup à l'imaginaire collectif, qui place cette discipline dans le registre du masculin. Et l'éducation y contribue à sa manière puisque, spontanément, les parents inciteraient plus volontiers les garçons à s'intéresser aux sciences. Le contenu éducatif est nourri par les *a priori* sexistes, qui empêchent les filles de se montrer aussi performantes que les garçons dans les disciplines scientifiques.

En outre, les études scientifiques présentent cet avantage qu'elles engagent moins les émois personnels que les études littéraires ou artistiques. Les sciences, pense-t-on, relèvent plus du rationnel. Or les garçons reçoivent précisément une éducation valorisant la maîtrise des émotions. Les matières scientifiques apparaissent compatibles avec le mode de pensée cartésien, voire obsessionnel, caractéristique des individus qui sont dans la maîtrise de soi et tiennent leurs pulsions à distance. Ce mode de pensée est plus fréquent chez les garçons. Cependant, on observe aujourd'hui que, dans certaines filières scientifiques, les femmes sont désormais plus nombreuses : en biologie, en pharmacie, en médecine, en odontologie, autant de domaines scientifiques ouverts sur l'humain et le relationnel.

L'intelligence n'est pas une question de sexe. L'intelligence mathématique non plus. Ce n'est pas Maryam Mirzakhani, qui a reçu en 2014 la médaille Fields, l'équivalent, pour les mathématiciens, du prix Nobels, qui me contredira. Les cerveaux des filles et des garçons sont aussi performants. Mais la réussite scolaire n'est pas seulement une question d'intelligence. Si la scolarité était adaptée à chacun, les résultats scolaires des filles et des garçons seraient sans doute équivalents.

2

LA MIXITÉ EN CAUSE

Les garçons décrochent

Cet écart dans la compréhension de l'écrit explique grandement le décrochage scolaire des garçons. Selon l'INSEE, près de 25 % des 800 000 élèves admis en 6ᵉ échouent dans l'enseignement secondaire et interrompent leur scolarité. On les appelle les « décrocheurs » : 140 000 d'entre eux quittent le système éducatif sans diplôme[1]. Près de 10 % sortent avec seulement le brevet des collèges, dont les pourcentages de réussite ne cessent pourtant de croître. Ces décrocheurs sont majoritairement issus de milieux sociaux défavorisés. Parmi eux, on ne dénombre que 5 % d'enfants de cadres, contre 18 % chez les non-décrocheurs. La proportion d'enfants d'ouvriers est de 48 % parmi les décrocheurs, contre 31 % pour les non-décrocheurs. La lutte contre le décrochage scolaire – qu'on peut observer dès l'école primaire – fait partie des priorités des politiques publiques en France et plus largement dans le monde occidental. Et pour cause : en France, seuls 5 % des décrocheurs lisaient correctement à leur entrée au collège et seuls 6 % avaient un niveau correct en mathématiques [2].

L'INSEE classe les décrocheurs en trois grands groupes :

- 46 % sont des élèves qui redoublent massivement au collège après des difficultés en 6e.
- 33 % abandonnent au lycée, mais 40 % d'entre eux obtiennent un BEP [3] ou un CAP.
- Les 20 % restants sont entrés à 12 ans ou plus en 6e avec un niveau très faible. Plus de 75 % d'entre eux intégreront des classes spécialisées au collège. Dans ce dernier groupe, les enfants sont issus de familles nombreuses et ont souvent un ou deux parents étrangers.

Des moyens sont pourtant accordés aux zones d'éducation prioritaire. Sont-ils suffisants ? Et n'est-ce qu'une question de moyens ? N'est-ce pas aussi une question de méthode ? La donnée majeure – à savoir que les décrocheurs précoces sont surtout des garçons – est-elle prise en compte ? A-t-on conscience que la proportion de garçons en échec scolaire est d'autant plus importante – jusqu'à atteindre 66 % – que le décrochage est précoce ?

Un autre chiffre dit assez l'ampleur du déséquilibre : quels que soient les niveaux sociaux des familles, les garçons forment la majorité de la population scolaire bénéficiant des différents réseaux d'aide aux élèves en difficultés, de cours de soutien intrascolaire, d'accompagnement individuel [4] et de classes spécialisées [5]. Les aides aux devoirs, les cours particuliers et les stages de rattrapage proposés par les structures associatives de quartier ou même les structures privées à but lucratif accueillent davantage de garçons. Les enfants en situation de handicap scolaire placés en instituts thérapeutiques et pédagogiques sont aussi majoritairement de sexe masculin. Au collège, 66 % des élèves orientés après l'école primaire vers l'enseignement général et professionnel adapté (EGPA) sont des garçons. Ils représentent jusqu'à 80 % de la population des dispositifs relais, classes et ateliers accueillant des élèves de collège, éventuellement de lycée, qui rejettent peu à peu l'institution scolaire, processus qui peut s'expliquer par des problèmes de discipline, un absentéisme chronique non justifié, une démotivation profonde à l'égard des apprentissages, voire une déscolarisation, associés bien sûr à un défaut d'acquisition.

Sur l'ensemble des résultats au brevet des collèges et au baccalauréat, à l'heure où près de 90 % des candidats sont admis [6], les bachelières surpassent en nombre les bacheliers de près de 10 %. Les mentions Bien et Très Bien des baccalauréats scientifiques sont obtenues majoritairement par les filles. **Les garçons sont bien plus nombreux à être orientés vers les formations préprofessionnelles, les baccalauréats pro ou techniques.** Elles sont plus nombreuses d'un tiers à obtenir une licence. Si 50 % des collégiens sont des garçons, ils ne sont plus que 40 % dans l'enseignement supérieur ! Les filles dominent en nombre en médecine [7], dans les études vétérinaires et paramédicales, dans les filières ou les écoles de journalisme et d'architecture, dans les cursus de droit et juridiques, dans les sections administratives, dans les métiers universitaires et dans l'enseignement.

Cessons de cultiver les fausses idées d'une suprématie masculine dans les études supérieures et d'occulter l'échec scolaire des garçons. Même l'École nationale d'administration [8] (ENA), autrefois bastion masculin, se féminise : 45 % des élèves étaient des femmes en 2013 ; pour le seul concours interne, la part des femmes atteignait même 61,3 % [9]. Aujourd'hui, une loi prévoit, pour 2017, l'instauration d'un quota de femmes de 40 % parmi les hauts fonctionnaires, ce qui souligne assez la fin de ladite suprématie. Parallèlement à cela, si les hommes restent majoritaires dans les formations d'ingénieurs, dans les études technologiques, informatiques, de physique, en classes prépa et à l'École normale supérieure (où le nombre de filles ne cesse de croître), leur part dans l'élite intellectuelle décroît.

En outre, si, à diplôme égal et tous âges confondus, les femmes restent scandaleusement moins rémunérées, les hommes sont plus nombreux que les femmes à connaître le chômage après une première formation, sans doute parce que, en termes d'instruction, les jeunes gens arrivent sur le marché du travail avec un niveau inférieur. Enfin, aujourd'hui, parmi les jeunes actifs, les hommes sont minoritaires au sein des professions supérieures ou intermédiaires.

Les intellos sont des filles !

Il est beaucoup question de nos jours des « stéréotypes sexués » qui sévissent dans notre société. L'Observatoire des inégalités, en lien avec le ministère des Droits des femmes, y travaille sans relâche. Mais ces stéréotypes y sont systématiquement examinés en fonction des préjudices subis par les femmes ou les filles. Or, à l'école et plus largement dans les phases d'éducation et d'apprentissage, ce sont justement les garçons qui souffrent le plus des stéréotypes et de la discrimination.

Si les adultes et, plus particulièrement, si les professionnels de l'éducation et le personnel politique sont peu sensibles à cette situation, les enfants, eux, ne le sont pas. Il suffit de les interroger, comme je le fais en consultation, pour les entendre affirmer sans la moindre hésitation que les filles sont naturellement meilleures à l'école que les garçons. Ils s'étonnent d'ailleurs d'apprendre que par le passé ce n'était pas le cas. « Je suis troisième de ma classe, se félicite Sacha, 9 ans, mais c'est normal, la première et la deuxième sont des filles. » Le problème, c'est que cette prétendue supériorité féminine, surtout dans les milieux défavorisés, pousse les garçons d'aujourd'hui à se détourner du système scolaire, car ils considèrent que « bien travailler » à l'école est une qualité spécifiquement féminine. Pis encore, ce serait une qualité dévalorisante pour un garçon. Je ne compte plus le nombre de collégiens, à l'heure de leurs questionnements identitaires sexuels, retenir leurs efforts pour ne pas être trop bons et ainsi se prémunir des sarcasmes du groupe masculin de la classe. Ceux qui échouent surcompensent par un rejet – jugé viril – de la structure et des acquis scolaires. Les « intellos », aux yeux des moins bons élèves, quittent le champ du masculin pur et dur pour celui des presque-filles ou celui des « bollos » et des « soumis ». Le caractère studieux est devenu une qualité féminine, alors qu'il était jadis, avec la tempérance et la discrétion, une qualité virile. **Les savoirs proposés par l'école ne sont plus perçus par les garçons comme un accès à la virilité.** Ce ne sont plus des armes à leurs yeux.

Les filles, quant à elles, ont tendance à se déclarer moins sûres d'elles et plus anxieuses que les garçons devant un devoir de mathématiques. En revanche, elles sont globalement plus studieuses. Camilia, à l'âge de 6 ans, me fait remarquer que « les filles sont plus sages à l'école que les garçons ». Plus persévérantes et perfectionnistes, elles consacrent en moyenne davantage de temps qu'eux aux devoirs à la maison. Meilleures élèves, elles vont mieux s'investir dans les activités optionnelles qui leur seront proposées. Elles acceptent de se coucher plus tôt que les garçons et sont moins nombreuses à déclarer s'ennuyer en classe.

Relevons également que les manquements aux règles scolaires sont majoritairement des conduites masculines. Le bavardage en classe domine aussi chez les garçons. Par voie de conséquence, ils se montrent moins attentifs en classe, tandis que les professeurs portent plus facilement sur eux un jugement de valeur négatif.

La mixité menacée

Ces différences de performances entre les filles et les garçons sont un facteur de troubles qui limitent les bienfaits de la mixité scolaire, généralisée depuis les années 1970. Or celle-ci devait améliorer les relations entre les sexes et favoriser l'émancipation des femmes. Si elle y a réussi en partie, en tout cas pour ce qui concerne la réussite scolaire des filles, elle n'est pas étrangère à l'aggravation de l'échec scolaire des garçons, lequel, contrairement à l'objectif de départ, est venu renforcer les stéréotypes sexuels, les bien meilleures performances féminines étant une source de conflits entre les élèves des deux sexes, surtout à l'âge de la puberté. On le constate, ce différentiel favorise les comportements machistes des garçons, surtout dans les milieux les moins favorisés socialement, où les stéréotypes sont déjà les plus forts.

L'enfant mâle, généralement élevé avec le sentiment que son destin est d'être un soutien pour sa future épouse, notamment grâce à un statut social qu'on lui a présenté comme traditionnellement supérieur, sera pris de peur en se voyant reléguer au statut de mauvais élève face à des filles qui réussissent mieux que lui. Plus les garçons connaîtront l'échec, plus ils risqueront de surenchérir par des attitudes machistes afin de contrebalancer leur mésestime personnelle et d'asseoir leur virilité naissante qu'ils pensent menacée. Cela pourra les conduire à des violences verbales et à des attitudes de domination qui parfois auront des aspects sexualisés. Les autres garçons de la classe, plus doués scolairement, feront aussi les frais de cette frustration, baisseront la tête et mettront un frein à leurs performances pour éviter les brimades. Les violences entre les filles et les garçons dans les établissements scolaires, si elles ont plusieurs origines, croissent à mesure que cet écart sexué se creuse au fil des années passées à l'école. **Tout se déroule comme si la mixité, facteur de réussite pour les filles et d'harmonisation sociétale, devenait préjudiciable à beaucoup de garçons et contribuait aux tensions entre les sexes.**

Ce constat a conduit certains pays occidentaux comme les États-Unis et la Grande-Bretagne [10] à rouvrir des établissements scolaires non mixtes, dans le but non seulement de limiter les agressions à caractère sexuel contre les filles, mais aussi d'améliorer les résultats des garçons. Il semblerait que, du point de vue de ces objectifs, le bilan soit plutôt positif. Mais il serait dommage, en France, de devoir revenir à cette extrémité, tant la mixité scolaire est un bon moyen d'apprendre aux futurs hommes et femmes à bien se connaître et à reconnaître leur égalité. Aussi faut-il d'urgence, au sein de cette mixité, développer des outils pédagogiques, adapter les modes d'enseignement et modifier l'environnement humain afin de réduire le décrochage scolaire des garçons.

3

Lutter contre l'échec scolaire

Les causes de l'échec scolaire des garçons posent la question de l'égalité entre les sexes. Elles sont à rechercher notamment dans l'éducation différenciée au sein des familles, dans l'inadaptation du système scolaire et plus largement dans la place faite aux hommes à l'intérieur de nos sociétés, ou la place qu'ils choisissent d'y occuper. Elles relèvent des caractéristiques psychologiques, affectives, cognitives et psychomotrices, innées ou acquises, des garçons. Mais elles trouvent aussi leurs racines aux premiers temps de la vie, et notamment quand surgit la parole.

Les garçons gardent leur langue dans leur poche

Le langage est un outil primordial dans la réussite scolaire et professionnelle. Or les garçons le manient moins bien que les filles. Pourtant, on connaît nombre de garçonnets qui n'ont pas la langue dans leur poche. Et on ne compte plus les brillants orateurs qui ont marqué l'histoire des hommes. Mais la réalité

> « *Quand il nous raconte quelque chose, Noam le fait à gros traits, comme s'il était économe de ses mots, alors que sa sœur du même âge, pour la même histoire, donne une foule de détails* », me dit une mère de jumeaux de 7 ans.

statistique est qu'aujourd'hui les filles commencent à parler plus tôt que les garçons, qu'elles parlent plus spontanément et que leurs phrases sont plus longues. En outre, elles acquièrent plus rapidement du vocabulaire et possèdent en définitive un stock lexical plus important. Elles ont aussi une meilleure capacité à intégrer et à manipuler les règles grammaticales [1]. En bref, dès leur plus jeune âge, les filles maîtrisent indéniablement mieux la langue que les garçons [2]. Cette supériorité sera rapidement suivie d'une meilleure maîtrise du langage écrit (comprenant la lecture et l'écriture).

Pourtant, dans les classes du collège, les garçons sont régulièrement décrits comme les plus bavards. Mais s'ils parlent plus, cela ne signifie pas qu'ils parlent mieux. Cela traduit surtout leur inattention et leur indiscipline. En 2006, la neuropsychiatre américaine Louann Brizendine estimait dans son livre *The Female Brain* (« Le cerveau féminin ») qu'une femme utilise quotidiennement trois fois plus de mots qu'un homme. Ce chiffre fut très médiatisé. Mais une vaste étude conduite l'année suivante, enregistrant au hasard des conversations d'hommes et de femmes, n'a pas montré de différences significatives en la matière [3], confirmant du reste les résultats d'une étude antérieure sur la loquacité, la parole affiliative [4]

et le discours autoritaire, selon laquelle les hommes
– plus bavards que les femmes, contrairement aux
a priori – auraient une parole globalement plus
affirmée, quand elles auraient une parole plus
affiliative [5].

Comment analyser ces résultats contradictoires ?
C'est qu'effectivement, sur le plan du langage, les
filles ont une longueur d'avance, ce qui facilite leur
intégration sociale. **Les trois premières années de leur
existence, les garçons sont à la traîne à tous les stades
du langage.** C'est à partir de la quatrième année qu'ils
se prennent en main et rattrapent leur retard. Cependant, ce retard n'est pas sans conséquence sur leur
développement. En effet, le langage participant de
l'autonomie, il est probable qu'un tel décalage favorise
des conduites de dépendance plus marquées – entre
le garçon et sa mère, en particulier (notons, d'autre
part, que, selon les statistiques, les garçons sont sevrés
de l'allaitement plus tardivement que les filles). Ce
retard dans l'apprentissage du langage n'est sans doute
pas étranger aux conduites d'opposition et aux
troubles du comportement qu'on observe notamment
chez les garçons entre 18 mois et 4 ans. En effet,
moins un enfant pourra exprimer oralement ses frustrations, sa colère ou ses besoins, plus ce déficit favorisera des réactions compensatrices, physiques ou
comportementales. Et plus il se sentira dépendant à
cause d'un langage moins développé, plus il cherchera
à s'affirmer. Or, même si le langage se développe dans
un second temps, la personnalité du garçonnet aura

été influencée par ses conduites et par le regard que ses parents auront en conséquence porté sur lui.

Plus tard, la supériorité des fillettes réapparaît vers l'âge de 9 ans [6], soit, chez elles, aux prémices de la puberté. Si l'expression orale des garçons s'améliore après la puberté, le décalage là encore n'est pas sans conséquence sur leur développement émotionnel et comportemental. À cette période clé de l'existence, le langage est l'un des outils de construction de la personnalité, de l'intégration scolaire et des divers apprentissages. Moins performant en la matière, l'adolescent risque donc d'être limité dans ses acquisitions et dans sa capacité à s'exprimer verbalement, ce qui n'est pas sans favoriser les passages à l'acte, les actions ou les conduites impulsives, visant soi-même ou autrui. L'acte plus ou moins adapté à la situation, plus ou moins « brut », se produit à la place d'une parole élaborée. Ce différentiel doit être connu des pédagogues et pris en compte dans leurs actions et leurs évaluations.

L'étude de Burman portant sur des enfants de 9 à 15 ans met en évidence que les performances des filles dépendent de l'activité des aires cérébrales du langage, quel que soit le mode de présentation des mots (lus ou entendus) [7]. Peu importe, pour elles, le contexte d'apprentissage ou la source de l'information. Il en va différemment chez les garçons. Leurs performances dépendent majoritairement de la façon dont on leur présente les mots : quand ils les lisent, ce sont les régions du cerveau gérant l'activité visuelle qui s'activent ; quand ils les entendent, ce sont les régions auditives ; bien sûr, dans les deux cas, les aires du langage sont activées, mais en collaboration avec l'une de ces deux aires ; l'information est donc dépendante du contexte, elle est filtrée. Tout se passe comme si, dans une conversation, les garçons gardaient leurs sens en éveil, quand les filles étaient entièrement absorbées par elle. L'origine de cette différence est inconnue : hormonale, éducative, affective…

Si les résultats de cette étude se confirmaient, il faudrait en tirer des conclusions et adopter une pédagogie différenciée avec les préados. Les garçons retenant l'élémentaire mais négligeant le subsidiaire et le complémentaire, il faudrait, pour que l'information soit retenue parfaitement, qu'elle soit lue et écrite, ou bien lue et entendue à la fois. C'est d'ailleurs ce que les pédopsychiatres recommandent pour les enfants dyslexiques et ou hyperactifs présentant un déficit de l'attention.

Mais ce décalage dans le rapport à la langue n'explique pas à lui tout seul les différences de niveau entre les garçons et les filles au collège. Le décalage pubertaire joue lui aussi un rôle important.

Les conseils du pédopsy

Pour booster le langage de votre enfant, n'hésitez pas à vous adresser à lui tout bébé en formulant de vraies phrases. Cela n'empêche pas de garder un ton singulier (souvent haut perché) avec une prosodie chantante, comme il est courant dans tous les pays du monde. On évitera cependant les mots fourre-tout et l'on dira : « Tu as faim, mon bébé ? » plutôt que : « Miam, miam. »

Dès son plus jeune âge, offrez-lui un bain de langage. Que vous soyez le père ou la mère, parlez-lui de tout et de rien, de vous et de lui, de ce que vous ressentez et de ce qui vous environne. Soyez à son écoute avec affection, attention et intérêt. À l'écoute aussi de ses autres modes d'expression que sont le babillage, les pleurs ou les cris : regards, mimiques, postures. Imaginez une conversation, interprétez verbalement ses expressions : « Oh, tu souris, tu es content que maman joue avec toi. » Quand, vers 18 mois, il pointera du doigt les divers objets environnant comme pour apprendre les mots qui les désignent, dites-les-lui, mais de préférence en faisant des phrases. Par exemple : « Oui, c'est un vase, on peut y mettre des fleurs. »

Socialisez votre enfant. Qu'il puisse échanger avec d'autres enfants de son âge ou plus âgés, à la maison comme au jardin d'enfants. N'hésitez pas à communiquer avec d'autres personnes en sa présence.

La télévision n'apporte rien aux jeunes enfants, et contrairement à des idées reçues elle ne leur développe pas du tout le langage.

Ne bridez pas son plaisir à parler. Laissez-le finir ses phrases avant de lui répondre. S'il prononce mal, reprenez sa phrase en appuyant sur le mot en question, mais sans le forcer à répéter. Au lieu de pointer ses erreurs, encouragez ses efforts. S'il dit « bagon », dites-lui : « Ah, tu veux jouer au ballon ? » Si vous ne comprenez pas ce qu'il vous dit, faites plusieurs suppositions : « Tu veux dire ceci, ou cela ? »

Ne lui donnez pas la tétine s'il ne la réclame pas. Ôtez-la-lui si elle ne lui est pas indispensable, laissez-la-lui pour s'endormir ou pour se calmer s'il est très tendu. En effet, elle retient le langage spontané.

Enfin, chantez avec lui. Le chant et la parole activent des zones différentes du cerveau, mais le chant est un bon préalable à la parole pour les garçons timides ou inhibés, car il véhicule moins d'intime que la parole libre.

Luttons contre cet adage archaïque qui présente les actes comme masculins et la parole comme féminine. Elle a une dimension féminine, mais rendons-lui sa dimension virile. Veillons à user du langage de façon égalitaire avec nos petites filles et nos petits garçons, à ne pas parler davantage avec les premières, à ne pas privilégier la sphère privée avec les unes et la sphère publique avec les autres.

Soyons attentifs au développement du langage dans la toute petite enfance, mais aussi au moment de l'adolescence, notamment chez les garçons. Il faut que les pères parlent davantage – et moins brutalement – avec eux. **Les garçons prendront plus volontiers modèle sur un père ouvert au langage.** Les études montrent que le développement du langage des garçons est plus rapide si le père emploie un vocabulaire riche et varié, quelles que soient les modalités d'expression de la mère, car le vocabulaire que le père utilise avec son enfant de 6 mois détermine le développement linguistique de ce dernier à 36 mois, ainsi que ses capacités de communications à 15 mois, après neutralisation du niveau d'instruction et du vocabulaire maternels[8]. En revanche, le niveau de vocabulaire des garçons ne semble pas dépendre du niveau d'études de la mère.

Une longueur de retard

« *Dans ma classe de 4ᵉ, les garçons sont vraiment tous des gamins* », se plaint Éva, 13 ans, qui a déjà un corps de jeune femme.

Dès la fin de l'école primaire, le décalage pubertaire induit une différence de capacités cognitives entre les garçons et les filles dont pratiquement personne malheureusement ne tient compte. Il est pourtant évident qu'il est une cause majeure de déséquilibre entre les résultats scolaires des garçons et des filles.

Les deux sexes n'ont jamais été nubiles au même âge. **Les filles sont en moyenne pubères deux ans avant les garçons.** Jadis, la mixité scolaire n'étant pas pratiqué, il était impossible de comparer leurs performances. Et ce différentiel est renforcé de nos jours avec l'âge de la puberté qui avance de décennie en décennie depuis les années 1970 et qui est plus marqué chez les filles que chez les garçons. Aujourd'hui, chez les garçons, l'augmentation du volume testiculaire se produit à 12 ans en moyenne (± 2 ans), quand les seins des jeunes filles de la population européenne se développent en moyenne à 9,9 ans. On observe de plus en plus de pubertés très précoces chez les fillettes, dès l'âge de 8 ans. Les polluants industriels, perturbateurs endocriniens, sont mis en cause. Mais d'autres explications, comme le surpoids, sont avancées. Or la puberté est associée à une croissance neurologique relativement importante, au moins aussi importante que les trois premières années de l'enfant.

La puissance cognitive se développe notamment en favorisant les capacités d'abstraction, et plus généralement en renforçant la capacité de compréhension à l'école. Il n'y a donc rien d'étonnant à observer un renforcement du décalage entre les performances scolaires des filles déjà nubiles et celles des garçons encore enfants. Ce différentiel à lui seul devrait nous pousser à réfléchir à une pédagogie différenciée entre les deux sexes et à établir des groupes non mixtes au collège.

Au demeurant, les transformations pubertaires ont des effets émotionnels et comportementaux différents sur les garçons et les filles. Chez l'adolescent mâle, aux débuts de la puberté, les sécrétions hormonales de testostérone sont massives. Elles favorisent, entre autres changements, des comportements impulsifs, de l'agressivité, des conduites désordonnées, des défauts d'attention et de concentration. Pas étonnant que beaucoup de parents imaginent que leurs garçons présentent alors un syndrome hyperactif avec déficit attentionnel. À cela s'ajoute une croissance physique plus importante pour le garçon, et donc une intense sécrétion d'hormones de croissance à l'origine non seulement de leur bouillonnement comportemental, mais aussi d'une plus grande fatigue.

Au collège, la présence de jeunes filles déjà formées est un facteur supplémentaire d'excitation. Pour des raisons corporelles (leur génitalité est externalisée), hormonales (la testostérone rend offensif) et culturelles (modèles et stéréotypes proposés), les garçons ont des prémices de sexualité conquérante, ce qui les pousse à se comporter en classe comme des matamores. Les filles, quant à elles, même si leurs comportements ont fortement évolué ces dernières années, sont davantage retenues dans leur séduction et, du fait de leur avance, moins agitées par les garçons de leur classe.

Les mécanismes d'identification qui accompagnent le développement de l'enfant à tous les âges deviennent très importants au moment de la puberté, car alors les enfants se détachent peu à peu de leurs modèles parentaux pour partir à la recherche de nouveaux modèles d'identification. Or, **au collège, le personnel de l'Éducation nationale reste majoritairement féminin,** comme le sont les autres corps professionnels qui interviennent auprès des adolescents, du psychologue jusqu'au médecin de famille. C'est au cours des deux dernières années de collège, celles qui précèdent l'orientation de fin de troisième, que les garçons, alors en pleine explosion pubertaire, sont le plus en tension et en rupture.

Malheureusement pour les garçons, à ces deux décalages que nous venons d'évoquer (relatifs au langage et au développement) s'ajoute un troisième handicap : une plus grande vulnérabilité aux « maladies d'apprentissage », autrement appelées troubles des acquisitions. Elles sont la cause de difficultés scolaires précoces qui ne font que s'aggraver avec le temps quand elles ne sont pas dépistées à temps et bien prises en charge.

Les garçons malades des apprentissages

Au lieu d'essayer d'adapter le système scolaire à nos garçons, de concevoir des outils et d'adopter des conduites pédagogiques plus appropriés, on se contente de considérer que les garçons ne sont tout simplement pas adaptés à l'école. Comme ce fut le cas jadis avec les filles, on raisonne à l'envers en établissant de nouveaux stéréotypes qui ont l'avantage de ne pas remettre le système scolaire en question. On explique de la sorte que les garçons sont de moins en moins performants puisque, par nature, ou pour des raisons génétiques, hormonales ou neurobiologiques, ils sont moins studieux, moins concentrés, moins attentifs, moins disciplinés, plus instables, plus hyperactifs en classe. Mais jamais l'environnement social ou l'environnement scolaire ne sont remis en cause. Et fort de cette logique, on en vient à médicaliser l'échec scolaire des garçons en recourant de plus en plus souvent à des prescriptions de médicaments qui augmentent l'attention ou réduisent l'agitation. Compte tenu de leurs effets secondaires, un nouveau scandale sanitaire se profile.

Les maladies d'apprentissage existent, et il convient de les diagnostiquer le plus tôt possible. Toutefois, elles nécessitent qu'on intervienne au moins autant sur l'enfant que sur son cadre de vie. Et elles ne doivent pas nous inviter à voir en chaque garçon en difficultés un malade qui s'ignore. De mieux en mieux connues et prises en charge, elles conservent toutefois de mystérieuses origines : innées ou acquises ? Une chose est certaine, ce sont les garçons qui subissent majoritairement ces troubles, qu'on reconnaît au préfixe « dys » qu'ils ont en commun. Des regroupements associatifs, pour la plupart de parents d'élèves, et de nombreux ouvrages leur sont consacrés. Voici les principales d'entre elles.

La dysphasie. Il s'agit d'un trouble de la communication orale. Elle touche donc l'expression ou la compréhension. Le nombre d'enfants atteints semble varier d'un pays à l'autre selon les méthodes diagnostics appliquées : ils sont 2 % en France [9]. Mais il y a partout trois fois plus de garçons touchés que de filles.

La dyslexie. Ce trouble toucherait 5 % des enfants (jusqu'à 10 % selon d'autres études) [10]. Il s'agit d'une altération spécifique du langage écrit. On a vu combien les difficultés de lecture qu'on observe dans les petites classes conditionnaient la réussite ou l'échec scolaire les années suivantes. Le diagnostic peut être posé quand on constate que l'enfant rencontre des difficultés persistantes à acquérir les mécanismes de la lecture, qui occasionnent un retard de dix-huit mois. Il repose aussi sur l'élimination des autres causes de troubles du langage écrit. Par conséquent, pour poser le diagnostic de dyslexie, on s'assurera que l'enfant n'est pas déficient intellectuel, qu'il n'a pas de lésions cérébrales ni de troubles psychologiques majeurs associés. Sa vue et son audition doivent être normales. Enfin, l'enfant doit avoir été correctement stimulé affectivement et socialement par son entourage, et avoir été normalement scolarisé. Le fait que les garçons sont majoritairement victimes indique qu'une

Mathis était un bébé silencieux. À 1 an, il ne pointait pas avec son index comme sa cousine du même âge. À 18 mois il ne disait toujours pas papa ni maman. À 2 ans, il disait quelques mots, mais ne faisait pas de phrases. À 3 ans, il parlait, mais on ne comprenait pas ce qu'il disait, c'était comme du baragouin. Il bougeait beaucoup, était vite distrait et ne jouait pas seul. Le diagnostic de dysphasie a été posé. Les prises en charge pédopsychiatrique et orthophonique intensive ont permis une évolution. Aujourd'hui âgé de 7 ans, il reste en difficultés. Il a du mal à comprendre les consignes et présente des troubles d'apprentissage en lecture, en écriture et en mathématiques. Une assistante de vie scolaire l'accompagne en classe.

Paul-Emmanuel a été diagnostiqué dyslexique durant son CE1. Un suivi intensif a aussitôt été mis en place. Les parents, en évitant de l'interrompre, ont poussé leur garçon plutôt timide à s'exprimer oralement, et l'ont incité à faire des jeux chantés ou mimés. Ils ont aussi favorisé les jeux visuels. En complément du travail hebdomadaire qu'il effectue avec le psychomotricien, les parents lui ont appris à écrire sur ordinateur. Il a pu ainsi retrouver confiance en lui. Sur un plan psychologique, l'ordinateur a servi de média protecteur entre les mots écrits et l'engagement émotionnel que l'écriture manuelle suscitait chez lui. Le crayon étant pour lui le prolongement du doigt et le doigt celui de sa pensée, Paul-Emmanuel était, pour diverses raisons, dans la retenue, craignant inconsciemment de trop révéler de son intériorité. Avec l'ordinateur, c'était comme si le mot sortait non pas de sa pensée, mais de la machine. La gêne était moindre, car la dimension intime avait été neutralisée.

> *Martin, 30 ans, est dyscalculique. Marié et père de famille, il est auteur et metteur en scène. Dans sa vie quotidienne, il a du mal à vérifier sa monnaie et a fortiori à faire ses comptes. Il est souvent en retard ou en avance. Il n'arrive pas à se repérer sur une carte routière, évalue mal la distance qui le sépare d'un objet et confond sa droite avec sa gauche. Il est passionné de tennis, mais il ne parvient pas à suivre correctement les scores des matchs.*

explication génétique n'est pas à écarter, mais elle reste encore à démontrer. Il a aussi été question de la propension des parents d'enfants dyslexiques à avoir plus de garçons que de filles. Bien sûr, la piste développementale est également explorée : des dyslexies peuvent être d'origine psycho-affective et répondre à des thérapies psychanalytiques.

Quoi qu'il en soit, la dyslexie prend appui sur le statut spécifique de l'enfant masculin. Cette maladie est de mieux en mieux prise en charge, et différents thérapeutes peuvent être sollicités : pédopsychiatres, psychologues, orthophonistes et psychomotriciens, notamment. Toutefois, une pédagogie spécialisée doit également être mise en place à l'école, avec des techniques et des outils spécifiques, quoique tout à fait abordables sur le plan économique. Là encore, malheureusement, la mise en place d'une telle pédagogie et sa généralisation sont à la peine.

La dyscalculie. Celle-ci diffère des autres « dys », car elle touche autant les garçons que les filles. Les enfants dyscalculiques lisent et écrivent très bien, mais vont confondre les additions, les soustractions, les multiplications et les divisions.

> *Des parents me consultent pour leur fils Sébastien, âgé de 5 ans, car il leur apparaît « ralenti ». Ils décrivent un enfant inattentif, très maladroit, qui ne s'habille ni ne se brosse les dents tout seul. Il semble intelligent, parlant bien, mais trop dans son monde. Les parents se demandent parfois s'il ne joue pas au bébé. Je programme une IRM, ainsi qu'un bilan visuel et auditif. Les résultats sont normaux. Le bilan psychomoteur confirme pourtant la dyspraxie. La rééducation commence en même temps que l'accompagnement psychothérapeutique familial, au cours duquel j'apprends que la maman de Sébastien s'est toujours senti coupable de handicap moteur de son cousin à la suite d'un accident. La dyspraxie de Sébastien s'interpréta alors comme une manière inconsciente de faire revivre à sa mère le traumatisme infantile qu'elle avait refoulé. Les troubles de Sébastien, grâce à la rééducation et au travail psychothérapeutique de Sandra, ont nettement diminué.*

Il y a sans doute des facteurs génétiques qui expliquent cette maladie, car les vrais jumeaux ont 60 % de risque d'être touchés ensemble. Mais à eux seuls ces facteurs n'expliquent pas tout, et l'on aurait tort d'exclure des facteurs environnementaux et affectifs, qui pourraient également avoir leur part de responsabilité dans son apparition.

La dyspraxie. Les troubles de l'acquisition et de la coordination, ou TACs (dyspraxies), sont des troubles des habiletés motrices, qui touchent selon les études deux à sept garçons pour une fille [11]. Ils se caractérisent par une mauvaise acquisition de la coordination, entraînant des retards importants dans les étapes du développement psychomoteur : ramper, s'asseoir, marcher... Les enfants qui en sont atteints sont très maladroits. Certains d'entre eux, avec l'âge, verront leurs capacités sportives et leur écriture s'altérer, et conséquemment leur réussite scolaire s'en trouve compromise.

La dysorthographie. Elle se définit par un défaut d'assimilation majeur et durable des règles de l'orthographe, dans l'écriture spontanée comme sous la dictée. Là aussi, les garçons sont deux à trois fois plus atteints que les filles.

De la dyslatéralité à la dysgraphie. Même si la dyslatéralité (le fait d'être gaucher) n'est pas une anomalie, elle nécessite des outils (paire de ciseaux spécifique, par exemple) adaptés aux apprentissages. Et, comme ce trouble affecte l'écriture et son tracé, il est à l'origine d'un certain nombre de difficultés scolaires. Or, sur cent gauchers, soixante sont des garçons.

La dysgraphie qui touche les garçons, dans un rapport de 60/40, altère la qualité du tracé de l'écriture sans qu'on constate pour autant de déficit neurologique ou intellectuel. Elle peut être associée à un déficit attentionnel, à une dyslexie ou à une dyspraxie.

Mais il existe d'autres maladies d'apprentissage que les maladies commençant en « dys ».

La précocité intellectuelle. On dit d'un enfant qu'il est précoce intellectuellement quand il est en avance par rapport à sa classe d'âge. Ici aussi, les garçons sont majoritaires. Contrairement aux idées reçues, elle peut être un facteur d'échec scolaire. Un tiers des enfants précoces ont certes de très bons résul-

> « *Je me souviens, me confie Adrien, 24 ans, d'avoir toujours été nul à l'école. Je n'écoutais pas en classe ou seulement quand un sujet m'intéressait. J'avais des passions : le fonctionnement du corps, puis l'astronomie, mais je n'aimais pas lire, car j'étais vite pris par des angoisses quand je ne trouvais pas de réponses à mes questions. Alors, je m'agitais. En classe, je n'avais pas de copains ou ceux que j'avais étaient les plus turbulents. Quand j'ai eu 9 ans, on a découvert que j'étais précoce, ce qui a fini par rassurer mes parents, tout autant que moi, du reste, qui me croyais bête. J'ai intégré une école spécialisée, mais il a fallu qu'on m'en sorte au bout de deux ans, car j'y étais très indiscipliné. En outre, mon père ayant perdu son emploi, cette école a fini par nous coûter trop cher. On a déménagé dans le Béarn, et j'ai été dans un collège où, grâce au sport, je me suis senti mieux : j'y ai découvert le rugby avec un entraîneur qui est devenu un second père pour moi. J'ai eu mon bac sans mention, puis j'ai fait une petite école de commerce. Aujourd'hui, je suis à la tête d'une petite entreprise de produits dérivés, en lien avec le rugby.* »

tats à l'école, mais les résultats sont moyens pour un autre tiers et, enfin, le dernier tiers des garçons intellectuellement précoces vivent une situation d'échec scolaire. Les difficultés sont dues notamment au sentiment d'être différent des autres, ainsi qu'au différentiel existant entre l'âge cognitif et l'âge affectif, ce qui favorise les troubles psychoaffectifs tels que les troubles anxieux.

La précocité complique également le rapport que l'enfant entretient avec les autres (dans et en dehors de la famille). Elle nuit par conséquent à l'insertion scolaire de ceux qu'elle concerne, notamment parce que le système scolaire traditionnel n'est pas adapté à eux. La prise en compte de leurs difficultés par l'institution, en France, ne date que de 2002. Le nombre important d'enfants précoces devrait donner lieu à une plus grande diffusion d'informations et à une meilleure formation des personnels de l'Éducation nationale et des établissements scolaires privés. L'école est le lieu où dépister en amont la précocité. Une meilleure concertation avec les professionnels de l'enfance et les associations spécialisées aidera au dépistage – garant d'une amélioration plus rapide de la situation – comme à la mise en place de stratégies éducatives et pédagogiques adaptées.

Actuellement, il est beaucoup question d'une autre maladie d'apprentissage : l'hyperactivité, qui entraîne un déficit de l'attention. Elle mérite en effet un traitement à part tant elle est diagnostiquée et même désormais surdiagnotiquée. Elle aussi touche en majorité les garçons.

Tous hyperactifs !

Aujourd'hui, rares sont les parents qui ne se sont pas demandé si leur garçon n'était pas hyperactif. Mes confrères comme moi-même sommes alarmés par le nombre de jeunes patients qui se présentent chez nous pour ce motif, parfois sur le conseil de l'« école ». Cette maladie est dans l'air du temps. Et elles concernent essentiellement les garçons (une fille pour quatre garçons seulement). Qu'il y ait là un effet de mode pourrait prêter à sourire si les conséquences n'étaient pas inquiétantes. En effet, quand les parents demandent à leur enfant de nous consulter, ils attendent souvent qu'il revienne avec un traitement médicamenteux, lequel est loin d'être anodin. Il m'est arrivé de recevoir des enfants qui, aux dires de leurs parents, n'avaient le droit de se réinscrire dans l'établissement privé où ils étaient scolarisés qu'à la condition de suivre un traitement, ordonnance à l'appui.

On parle de TDHA, ce qui correspond, en anglais, aux initiales du syndrome déficitaire de l'attention avec hyperactivité. Le trouble apparaît de description récente. Pourtant, il était déjà diagnostiqué à la fin du XIXe siècle. Mais c'est la sortie du premier médicament spécifiquement indiqué dans les traitements du TDHA qui a fait flamber le nombre de diagnostics. Ce syndrome associe à des degrés divers un déficit de l'attention à une hyperactivité avec impulsivité, indépendamment de l'intelligence de l'enfant.

Le déficit d'attention se traduit par un refus apparent des contraintes. L'enfant semble ne pas écouter les consignes. Facilement distrait en classe, il est déclaré « tête en l'air ». Il ne retrouve pas ses affaires, il a du mal à se concentrer sur une tâche nécessitant un effort intellectuel comme la lecture et il semble ne pas retenir une bonne partie ce qu'il vient apprendre. En outre, il est souvent victime d'accidents domestiques par inattention.

L'hyperactivité des enfants se traduit quant à elle par un manque de persévérance dans les activités qui requièrent un minimum d'attention et de concentration : se détourner d'une activité pour une autre sans avoir achevé ce qui a été entrepris, une grande impatience, une volonté de passer avant les autres, une agitation motrice incessante avec une activité globale désorganisée sont autant de symptômes d'une hyperactivité.

En fait, les symptômes relevant de l'inattention sont rarement permanents. Ils diminuent quand l'enfant parle en tête à tête avec un adulte, quand une situation inhabituelle se présente ou lorsqu'il se sent motivé par un objectif (une récompense, par exemple). Ils diminuent aussi quand l'école met en place des comportements éducatifs appropriés et veille à canaliser l'attention du petit. Les difficultés scolaires sont une conséquence fréquente de ce syndrome, notamment lorsque des troubles d'apprentissage, dont la dyslexie, des troubles du comportement ou des conduites d'opposition lui sont associés, ce qui est souvent le cas. En outre, les enfants atteints du TDHA ont plus souvent que d'autres des troubles du sommeil et souffrent d'énurésie (ils urinent au lit), causés entre autres par l'anxiété.

Le diagnostic de TDHA est de plus en plus posé et le médicament de plus en plus prescrit en Europe. La consommation de ce dernier atteint des records en Australie et aux États-Unis, où des millions d'enfants sont traités de la sorte. En Europe, il est davantage prescrit au Nord qu'au Sud : les modes éducatifs diffèrent, mais surtout les façons de diagnostiquer et de traiter la « maladie » (l'approche psychiatrique est plus psychanalytique et moins médicamenteuse dans le Sud).

Les diagnostics posés à l'emporte-pièce font malheureusement passer à côté d'autres maladies à l'origine de troubles de l'attention ou causant de l'hyperactivité : une anémie, un trouble de la vision ou de l'audition, par exemple, ou encore une épilepsie, lesquels bien souvent sont causés par des troubles anxieux ou des mécanismes de lutte contre des sentiments dépressifs (l'enfant ne reste pas en place et ne se fixe sur rien mentalement afin d'échapper à la menace de la passivité et aux pensées sombres, anxieuses ou dépressives). Les enfants sont sensibles aux problématiques familiales (conflits parentaux, secrets de famille, incohérence éducative, failles psychologiques chez un parent). Les difficultés relationnelles, familiales et scolaires causées par ces troubles de l'attention ou par l'hyperactivité sont à l'origine d'une altération de l'estime de soi, d'un sentiment de dévalorisation et ne sont pas sans faire courir à l'enfant un risque d'isolement. Chaque enfant va réagir de façon singulière à ces situations, mais pourquoi les garçons sont-ils les plus touchés ? Il est possible que ce mode réactionnel associant hyperactivité et défaut d'attention soit plus spécifiquement masculin ; chez la fillette, on observera davantage de somatisations réactionnelles (maux de ventre, entre autres).

Prise en charge. La traduction biologique du TDHA est mal connue. Il s'agit sans doute d'un déficit en dopamine (un neurotransmetteur du cerveau). Les médicaments prescrits pour compenser les symptômes sont des psychostimulants dérivés des amphétamines. En France, on utilise le chlorhydrate de méthylphénidate, qui augmente les taux de dopamine et de noradrénaline. Le fait que le médicament est efficace semble prouver à l'entourage que l'enfant était bien atteint de cette « maladie ». Mais ces médicaments augmentent l'attention, que l'on soit déficitaire ou non. D'ailleurs, en période d'examens, de plus en plus d'étudiants en consomment hors prescription médicale. Pourtant, des études mettent en évidence des retards de croissance parmi les nombreux effets secondaires possibles. Il ne s'agit pas d'un traitement curatif. Il n'agit pas sur la cause ou les facteurs favorisants éventuels, et les symptômes réapparaissent dès le lendemain de la prise.

Les conseils du pédopsy

Face à un TDHA, avant toute prescription, il importe de mener une enquête clinique pour repérer et soigner les troubles sous-jacents à l'origine du syndrome apparent. L'enquête sera élargie à l'environnement de l'enfant pour repérer et prendre en charge d'éventuels problèmes éducatifs, affectifs et psychologiques au sein de la famille. La prise en charge d'un TDHA, isolé ou secondaire, sera surtout axée sur la guidance parentale, c'est-à-dire sur un accompagnement des parents dont l'objectif consiste à adapter les attitudes éducatives aux besoins de l'enfant. Une aide éducative est également nécessaire à l'école ; l'environnement doit être aménagé et l'enseignement, comme le rythme scolaire, adapté. On donnera à l'enfant différents exercices : les uns permettront de contrôler son impulsivité avec réponses à différer, les autres permettront de vérifier sa mémorisation visuelle ou sa capacité à remettre en ordre des consignes multiples ; certains auront pour but d'améliorer sa perception visuelle (chercher l'intrus, jeu des différences) et d'autres le pousseront à mieux comprendre le sens des textes (surlignage, recherche de mots clés). La prise en charge individuelle de l'enfant peut être associée à des méthodes de relaxation, voire de méditation ; le psychomotricien aura un rôle à jouer [12], ainsi que la remédiation cognitive (des exercices répétés permettent de renforcer l'attention et la persévérance [13]), à quoi l'on pourra ajouter une psychothérapie d'inspiration psychanalytique.

Les parents veilleront à assurer l'enfant de leur affection malgré ses difficultés. Ils se montreront fermes, mais le cadreront avec bienveillance et sans agressivité.

Ils feront en sorte que l'enfant respecte des horaires, et ce afin d'installer une routine au fil des jours de la semaine. Par priorité, ils veilleront à ce qu'il préserve son temps de sommeil et lui offriront la possibilité de pratiquer des activités physiques régulières. On dressera pour lui un emploi du temps très codifié, où les tâches et les loisirs seront répartis selon un ordre bien défini. On prendra appui sur l'heure de l'horloge ou sur sa montre pour définir le temps qu'il reste. On l'entraînera à faire des listes de ce qu'il ne doit pas oublier pour aller en classe, par exemple.

Les règles à fixer seront fonction de l'âge de l'enfant et seront affichées. Elles ne varieront pas selon l'humeur des parents. On les répétera. On n'hésitera pas à avoir recours à des illustrations, comme celles qu'on dispose au-dessus des toilettes pour rappeler à l'enfant de soulever la lunette. On prendra soin, dans tous les cas, de rester cohérent au moment d'énoncer des règles et de les faire appliquer. À chaque interdit correspondra une autorisation. Avant chaque sortie on rappellera certaines règles qui éviteront d'éventuels problèmes, sans oublier de dire dans quelle mesure il sera possible d'y déroger. On invitera son enfant à ne pas agir sans avoir préalablement réfléchi cinq secondes. On le préviendra cinq minutes avant un changement d'activité (passer à table, par exemple). Les jeux à règles et notamment les jeux de société seront d'ailleurs un excellent moyen de le familiariser avec le respect des règles.

La communication des parents sera claire. Les consignes seront données une à une et en face-à-face, non de l'autre bout de la maison. Elles seront au maximum présentées de façon positive : « fais cela » plutôt que « ne fais pas ceci » ; « marche doucement » plutôt que « ne cours pas » ; « commande ton corps » plutôt que « arrête de bouger ». On ne passera à la seconde consigne qu'une fois la première validée. On félicitera l'enfant chaque fois qu'il aura accompli quelque chose. On l'aidera à ranger régulièrement sa chambre et ses affaires, en l'assistant, en l'encourageant et en le guidant.

En règle générale, on réduira toutes les sources de stress. Les écrans de télévision et de jeux vidéo resteront éteints le plus souvent possible.

Si vous disputez votre enfant, précisez bien l'attitude que vous lui reprochez, sans utiliser de termes vagues comme « tu as été méchant ». Si vous tenez à le punir, ne le faites pas en le privant d'une activité utile à son développement tel qu'un sport, mais en le privant de choses inutiles comme les jeux vidéo.

On évitera les jouets trop fragiles ou trop lourds (jets d'objets) ou trop bruyants.

Ne soyez pas avare du temps que vous passerez seul à seul avec lui : soyez à son écoute sans exigence particulière au moins dix minutes par jour.

Pour les devoirs, limitez les sources de distraction (privilégiez un endroit calme, portes fermées ; maintenez éteinte la télé du séjour). Planifiez son travail sans le faire à sa place. Faites des va-et-vient dans sa chambre pour ne pas être tout le temps à ses côtés. Complimentez-le au lieu de le dévaloriser. N'ajoutez pas de travail scolaire. Et, si vous vous sentez trop nerveux ou trop impatient pour les devoirs, déléguez-en si possible la surveillance à quelqu'un de plus calme.

Enfin, évitez d'exposer votre garçon à des situations trop difficiles, comme rester silencieux toute la durée d'une messe. Donnez-lui plutôt la possibilité de se dépenser physiquement, au moins un jour sur deux.

Les « maladies d'apprentissage » et le TDHA, qui, nous l'avons dit, sont bien plus fréquents chez le garçon, sont une cause d'échec scolaire. Ils nécessitent un dépistage précoce et une prise en charge intensive.

Leur origine, pour la plupart, est incertaine. Les perturbations neurobiologiques sous-jacentes sont difficiles à définir. Et les fondements génétiques, développementaux, congénitaux, psychogènes ou éducatifs restent à décoder chez la plupart des enfants atteints ; pour chaque enfant, la participation de l'une ou l'autre de ces causes varie. Au niveau de l'école, des stratégies pédagogiques doivent être développées pour lever les handicaps qui sont de nature à freiner l'apprentissage, mais il n'est pas moins nécessaire d'œuvrer à ce que le cadre scolaire et l'entourage de l'enfant soient adaptés.

Rien ne serait plus faux que de considérer tous les garçons comme malades sous prétexte qu'ils forment la majorité des élèves en difficultés ! Posons-nous la question de savoir si le système scolaire n'est pas aujourd'hui globalement moins adapté aux spécificités et aux besoins des garçons et, en tant que tel, facteur d'échecs, voire de troubles. En premier lieu, demandons-nous si le très faible pourcentage des hommes dans le corps enseignant et dans l'encadrement des enfants à l'école n'est pas un handicap majeur pour la réussite des garçons.

4

EN L'ABSENCE DES HOMMES

Au vu des résultats scolaires, l'école, qu'elle soit publique ou privée, apparaît donc dans ses modes d'apprentissages mal adaptée aux garçons. Avant de déterminer les champs où il serait crucial d'intervenir, rappelons qu'au centre de l'apprentissage et de l'éducation il y a des êtres humains : les enfants. Or j'observe une corrélation entre l'augmentation du nombre de garçons en situation d'échec et la diminution du nombre d'hommes au sein du corps enseignant et du personnel d'encadrement scolaire. Autrefois, sans remonter jusqu'aux hussards noirs de la République, le corps enseignant était mixte ou à majorité masculine dans les écoles de garçons. Aujourd'hui, moins de 15 % des enseignants de maternelle ou de primaire sont des hommes. Et leur nombre dans le personnel éducatif, toutes professions confondues (agents spécialisés des écoles maternelles, assistants sociaux, infirmiers, psychologues scolaires, médecins scolaires, agents de service) est moindre encore.

Or les enfants sont loin d'être indifférents à l'identité des personnes qui les éduquent. Petits, ils

Quand j'ai demandé à Tom, 6 ans, s'il avait un maître ou une maîtresse, il m'a répondu : « C'est quoi un maître ? » Quant à Edgar, 8 ans, très appliqué sur le plan scolaire, il m'a répondu « maîtresse » quand je lui ai demandé quel métier il voulait faire plus tard.

prennent peu à peu conscience qu'il existe deux sexes. Sur photos, ils distinguent les hommes des femmes dès l'âge de quelques mois. Et le bébé adopte très tôt des attitudes différentes selon qu'il est en présence de femmes ou d'hommes. À 3 ans, les enfants se savent fille ou garçon, et vont voir le monde à partir de ce qu'ils sont, de leurs identités et en particulier de leur identité sexuelle. Les jouets, les vêtements, les couleurs, les jeux, les façons d'être, les centres d'intérêt, les activités, les cours qu'ils suivent, et au sein de ces cours certaines de leurs parties, les mots eux-mêmes vont dans leur esprit occuper une place sur l'échelle qui relie graduellement le féminin au masculin. De la même façon, les différences anatomiques influencent le regard que l'enfant a sur lui-même et sur l'autre sexe. S'y ajoute le regard que la famille elle-même porte sur la différence entre les sexes, lequel influe sur sa perception sexuée de l'environnement.

Or l'Éducation nationale et l'enseignement privé n'ont jamais été autant féminisés qu'aujourd'hui. **Le non-respect de la parité dans l'enseignement fragilise les garçons.** C'est sans doute, actuellement, l'une des causes majeures des bien moindres performances scolaires des garçons. D'autant que ce constat se trouve renforcé par la distribution des rôles à la maison. Ce sont en effet en grande majorité les mères qui s'occupent des devoirs. Les pères prennent plutôt le relais à partir du moment où les enfants entrent au collège. Aux yeux de ces derniers, l'éducation en crèche, à la maison puis à l'école est une « affaire » de femmes. Ce n'est pas sans conséquences psychologiques et sociales. Certes, des siècles durant, la mission d'éduquer les très jeunes enfants était dévolue aux femmes. Tandis qu'elles s'occupaient des affaires intérieures de la maison, les hommes se chargeaient des affaires extérieures et présidaient à l'ensemble. Sitôt entrés en âge de raison, les garçons étaient alors confiés à l'éducation des hommes, quand les filles restaient dans le « giron maternel » ou étaient confiées à d'autres femmes en internat ou en apprentissage. Les très jeunes garçons élevés par leur mère ou leur nourrice sentaient bien la réalité de la domination masculine et patriarcale, et pouvaient s'en accommoder. C'étaient alors les fillettes qui en étaient victimes, puisqu'elles n'avaient accès, sauf exception, ni à l'éducation, ni au savoir, ni aux responsabilités, et vivaient souvent leur sexe tel qu'on le leur imposait, c'est-à-dire faible ou inférieur.

Aujourd'hui, l'éducation et l'enseignement à l'école maternelle sont restés l'apanage des femmes, mais ils le restent également en primaire, voire à un moindre degré au collège. Les filles continuent d'être éduquées par des femmes, mais elles ont désormais la légitime possibilité d'occuper des postes de pouvoir. Les garçons ont toujours accès à ces postes, mais l'enseignement qu'ils suivent ne leur est plus dispensé par des hommes. Aussi, logiquement, l'école va-t-elle devenir un terrain de jeux plus confortable pour les filles.

Dans un même ordre d'idées, si les divers ministères chargé de veiller à l'égalité des droits œuvrent pour que la parité soit instaurée au sein des professions majoritairement masculines, rien n'est prévu pour les métiers de la périnatalité et de la petite enfance. Si la loi prévoit une requalification patronymique paritaire [1], rien n'est prévu pour une parité sémantique dès qu'il s'agit de l'école dite « maternelle ». Une étude scandinave met en évidence que les petites filles étaient bien plus nombreuses que les petits garçons à desservir les tables au restaurant scolaire. Comment s'en étonner quand le personnel de service à la cantine est essentiellement féminin ? Aussi est-il décisif de masculiniser le personnel dans l'Éducation nationale. **Il faut instaurer la mixité des adultes à l'école, ne serait-ce que pour apprendre la mixité aux enfants.**

Heureusement, beaucoup de garçons se sentent bien dans une école féminisée : du reste, certaines écoles le sont moins que d'autres, et il arrive aussi que des garçons soient tout simplement à l'aise avec la féminité ou que les hommes de leur entourage familial soient présents et sensibles au savoir scolaire (les garçons qui ont un père scolairement présent et ayant fait des études réussissent mieux). Mais les garçons qui ont assimilé un différentiel important entre masculinité et féminité (sans forcément établir de hiérarchie entre le féminin et le masculin), ceux qui sont très « garçons » selon les *a priori* contemporains, ceux qui ne sont pas toujours très à l'aise avec la féminité (par exemple, ceux qui ont cherché à se décoller d'une mère très protectrice qui, à leurs yeux, voulait les maintenir à l'âge des bébés), ceux qui ne vivent pas avec leur père (dans les cas de divorce) ou encore ceux qui sont nés dans une famille où les hommes n'ont pas fait d'études risquent de rejeter des enseignements considérés par eux comme exclusivement féminins, et ce d'autant plus s'ils rencontrent quelques difficultés au début de leurs études. En outre, s'ils entendent que leur moindre performance s'explique par le fait qu'ils sont des garçons – car, « c'est connu, les garçons réussissent moins bien » –, ils risquent de s'accrocher à cette étiquette de cancre mâle à laquelle ils voudront rester fidèles. Ce sont surtout les garçons des milieux défavorisés, là où les stéréotypes sont les plus marqués, qui vont s'accrocher à ces derniers pour lutter moralement contre le vécu de leur échec scolaire et s'y enfermer puisqu'il va les pousser à refuser les règles scolaires.

Remasculiniser le corps enseignant, ce n'est pas une question de compétence. La compétence pédagogique est la même chez les hommes et chez les femmes. C'est une compétence acquise et non innée. Mais **la réussite scolaire des enfants n'est pas qu'une question de pédagogie. C'est pour beaucoup aussi une question affective.** Or les enseignants, femmes ou hommes, sans forcément s'en rendre compte, ont, comme tout le monde, des *a priori* sur le masculin et le féminin, sur les filles et les garçons. Cela explique bien souvent que les garçons soient punis ou notés différemment que les filles. En récréation, quand une fille et un garçon se chamaillent, ce sera plus volontiers le garçon qui sera jugé responsable. Le jugement porté sur les garçons à l'école est presque exclusivement un jugement féminin. Les hommes et les femmes du corps enseignant ne vont pas se conduire, parler, juger, enseigner, éduquer, exactement de la même façon selon qu'ils sont face à des filles ou à des garçons. Mais surtout, les enfants ne vont pas se conduire, parler, apprendre, obéir, s'attacher, imiter et s'identifier de la même façon selon qu'ils sont en présence d'un homme ou d'une femme.

Aujourd'hui, pour les enfants, l'éducation et l'enseignement sont un univers féminin. Aussi est-ce un espace dans lequel beaucoup de garçons vont se sentir moins à l'aise que les filles. Apprendre, pour un enfant, c'est prendre une partie de l'adulte qui l'instruit, c'est devenir en partie comme lui. Et **certains petits garçons ont besoin que les « sujets supposés savoir » soient des hommes pour mieux apprendre d'eux, pour mieux se reconnaître en eux.** Comme on ne peut pas mettre un professeur par enfant, il faut absolument établir une parité à l'école, qu'il y ait autant d'hommes que de femmes en moyenne pour que dans la tête des enfants, filles ou garçons, le scolaire, le savoir soient de manière indifférenciée masculins et féminins. Il est important que certains garçons arrêtent de croire que la poésie, l'éloquence, la grammaire ou plus généralement la réussite scolaire sont de l'ordre du féminin ; et que le masculin a le privilège du loisir, de la transgression ou de la force. Masculiniser l'Éducation nationale, c'est faire de l'école un lieu ni féminin ni masculin, mais un lieu neutre où les filles et les garçons réussissent aussi bien.

« Papaoutai »

Les conséquences de la disparition des hommes à l'intérieur de l'école sont aggravées par les recompositions familiales plus nombreuses aujourd'hui qu'hier. Les parents d'un enfant sur trois sont en effet divorcés ou séparés. Ils sont deux sur trois en Île-de-France ou dans les grandes agglomérations. Or, en cas de divorce, la garde majoritaire est habituellement confiée aux femmes. La garde alternée est encore très rarement mise en place. En 2010, près de 73 % des enfants étaient confiés à la mère en garde majoritaire et 20 % en garde alternée [2] (ce qui ne signifie pas, de surcroît, un temps équivalent pour chaque parent). Ainsi est-il courant qu'un enfant de parents divorcés ou séparés ne voie son père que deux week-ends et deux soirées par mois, soit entre quatre et six jours sur trente. Dans ces conditions, le père n'a pas assez de temps pour bien enseigner les règles de vie, qui s'apprennent jour après jour, ni pour s'occuper de la scolarité. Il n'est d'ailleurs pas rare que l'enfant ne trouve pas dans le logement de son père un contexte adapté à l'apprentissage. Le temps paternel, dans le meilleur des cas, sera donc essentiellement consacré aux loisirs.

En outre, le lien étant fragilisé par le déséquilibre des responsabilités et bien souvent par l'éloignement géographique, le père a toutes les raisons de craindre que son enfant ne veuille plus venir le voir, et donc de limiter les contraintes. En conséquence, l'enfant aura une vision du père et de la mère – et par extension du masculin et du féminin – très différenciée. **Dans sa tête, la mère et le féminin seront rattachés aux règles, aux devoirs, au scolaire, tandis que le père, le masculin, sera associé aux vacances, à la détente, aux loisirs.**

La double émancipation masculine

À l'adolescence, ces questionnements identitaires se posent avec une nouvelle acuité. S'y ajoutent les tensions sexuelles nées du désir suscité par les élèves de l'autre sexe. Or, au milieu de cet embrasement, le personnel d'encadrement reste majoritairement féminin dans les collèges. Nous avons vu que les conduites d'opposition du garçonnet de 3 ans étaient plus marquées avec la mère que celles des fillettes. À l'affirmation commune aux deux sexes d'une autonomie nouvelle, épicée d'une petite mégalomanie propre à cet âge, s'ajoute pour le garçon la nécessité de se différencier du champ maternel, perçu désormais (depuis qu'il différencie le féminin du masculin et se sait garçon) comme le champ féminin.

Avec la puberté, un processus semblable s'opère. L'adolescent met divers « paravents » entre lui et ses parents pour favoriser son émancipation. Cela concerne les deux parents, mais, dans un milieu familial où la présence paternelle fait défaut, c'est sur la mère que repose la pression. Et, dans ce cas, la menace symbolique de l'inceste pousse encore plus le garçon à prendre ses distances. Pour beaucoup d'adolescents, la scolarité est associée à la maternité, elle relève du « champ maternel ». En effet, quand le père ne s'est pas investi dans la scolarité, quand la mère seule s'est occupée du parcours scolaire de l'enfant et que, de surcroît, elle s'y est investie plus que nécessaire, quand c'est la mère seule qui a posé les règles du quotidien, **l'école n'apparaît pas pour le collégien comme un lieu d'émancipation, mais comme un domaine relevant du champ maternel.** Cette perception est bien sûr renforcée quand le corps enseignant est démasculinisé. C'est alors que l'ado, qui prend ses distances avec sa mère à l'heure de la deuxième individuation sexuée et du nécessaire désengagement amoureux œdipien, prend dans le même temps ses distances avec le champ scolaire. D'ailleurs, dans les milieux favorisés où les pères apparaissent plus impliqués dans le suivi de la scolarité, le désengagement des garçons est bien moins apparent.

Il faut sauver l'image du père

La différence entre les résultats scolaires des filles et ceux des garçons dans les milieux populaires devient plus marquée encore au moment de l'adolescence. Les filles semblent mieux accepter la position déférente et attentiste qu'impose en France le statut d'élève. D'autre part, dans ces milieux, leur mère, leur grand-mère, voire leur arrière-grand-mère les encouragent à convoiter une position sociale élevée qu'elles ont elles-mêmes rêvé de conquérir. Elles se sentent également soutenues par le discours social actuel, relayé largement par les fictions audiovisuelles, qui font que l'ambition féminine est dans l'air du temps. Mais leur envie de conquête, qui s'intègre désormais parfaitement à leur identité sexuelle, trouve aussi plus aisément sa place dans la patience, la persévérance et la sagesse, qualités nécessaires au bon élève dans le système français.

De leurs côtés, les garçons des milieux populaires sont souvent persuadés que leur domination va de soi, et qu'ils n'ont donc pas besoin d'être à l'école dans une dynamique de conquête. Ils vivent le statut d'élève comme un positionnement passif, contradictoire avec leur identité masculine. Les mères qui les élèvent sont en partie aveuglées par les stéréotypes qui établissent que les garçons sont globalement favorisés par rapport aux filles. Sur le plan scolaire, comme sur d'autres, elles vont alors se montrer bien plus exigeantes et persévérantes avec leurs filles. En outre, elles vont davantage projeter sur elles leur propre désir (plus ou moins frustré) de réussite.

Dans les milieux recomposés, l'accompagnement scolaire par les pères est largement minoritaire et eux-mêmes souvent ne doutent pas d'une supériorité masculine en vertu de laquelle le garçon est censé s'en sortir dans la vie. À l'égard de leurs filles, les pères restent réticents à les voir dépendre d'un autre homme qu'eux. Jadis, ils s'en accommodaient en échange d'une dot. Aujourd'hui, si certains pères considèrent leur fille comme une future femme au foyer, d'autres souhaitent qu'elle devienne indépendante à tous les niveaux. Ainsi les filles sont-elles soutenues dans leur ambition de réussite scolaire tant par les identifications aux désirs d'émancipation des femmes d'aujourd'hui que par les attentes parentales.

Dans les milieux où la différence des genres est la plus marquée, les milieux ruraux et ceux où sévit le chômage, les filles se sentent plus valorisées à l'école que chez elles, à l'inverse des garçons. L'ambition des garçons à l'école pourrait se nourrir d'une compétition non pas avec les filles – puisqu'ils se croient par essence au-dessus d'elles – mais avec les garçons. Elle existe, bien sûr, mais moins dans les milieux populaires, où le modèle de réussite repose sur d'autres critères, notamment de puissance physique et de capacité transgressive. L'ambition et la réussite scolaire ne sont pas à leurs yeux un critère de virilité, c'est la réussite financière qui l'est. Ils savent que les métiers très rémunérateurs leur seront difficilement accessibles. Ils n'ont pas de grand frère en classe préparatoire. Au demeurant, le nombre de garçons issus des classes populaires n'y a jamais été aussi faible [3]. Dès lors, ils admirent la réussite financière des grands truands ou, dans le meilleur des cas, des self-mademen – rappeur, animateur télé, footballeur – qui se sont passé de l'école.

Certains garçons peuvent bien sûr s'identifier aux désirs de leur mère sur le plan de la réussite scolaire. Ce sont d'ailleurs ceux-là qui s'en sortent le mieux scolairement. Ils peuvent aussi être motivés par une rivalité œdipienne et entrer en compétition avec le père, pour lui disputer la mère puis, par extension, les femmes en général. Si le père a fait des études, la scolarité devient le champ de cette bataille, et le garçon est motivé dans sa conquête, soutenu par des modèles masculins autres que le père, qui sont trop rarement les professeurs : d'autres hommes de la famille, des amis de celle-ci, ou des professionnels comme le médecin référent.

En revanche, quand le père est étranger au champ des études, la lutte est inutile. Si celui-ci apparaît fragilisé au sein de la maison par une situation de chômage ou un divorce qui l'a éloigné et isolé dans un studio, le fils, dans un conflit de loyauté, peut retenir son ambition de réussite pour ne pas lui faire de l'ombre ni l'écraser davantage. En outre, un père désocialisé, voire délinquant ou considéré par la mère, à tort ou à raison, comme manquant de sérieux, irrespectueux des règles, voire irresponsable, peut servir de modèle à un adolescent en manque de soutien viril. Ce dernier risque alors de placer sa rivalité œdipienne sur le terrain de l'irrespect, où il tentera d'affronter son père en l'y rejoignant. Défendre l'honneur perdu d'un père pousse hélas ! parfois un fils à prendre modèle sur des aspects réels ou supposés, mais en tout cas peu recommandables, d'un père. *A contrario*, un garçon – issu ou non d'un milieu défavorisé – voit ses chances de réussite augmenter si le père est présent au domicile et plus encore s'il s'intéresse à ses études et s'il est bien inséré socialement, par son métier ou sous quelque autre forme d'insertion que ce soit.

Les conseils du pédopsy

En 2013, la dernière enquête d'évaluation internationale pour le suivi des acquis des élèves, dans laquelle la France n'a pas particulièrement brillé comparé à d'autres pays développés [4], met au jour un point qui n'a pas du tout été médiatisé, à savoir que les élèves le moins bien classés sont majoritairement des garçons, sauf dans les pays asiatiques qui arrivent justement en tête du classement. Les présupposés génétiques ou autres qui prétendent expliquer l'échec des garçons sont donc bel et bien fallacieux. Ce sont les approches éducatives et pédagogiques occidentales qui sont à revoir. Voici quelques pistes pour donner autant de chances aux garçons de réussir à l'école.

S'appuyer sur des statistiques sexuées. Pour évaluer au mieux les difficultés des garçons comme des filles et mettre en place des stratégies opérantes, il est d'abord nécessaire d'établir des statistiques sexuées à l'échelle nationale, puis dans chaque académie, chaque établissement et chaque classe. Celles-ci mettront en lumière les différences de résultats entre les filles et les garçons pour les matières étudiées et dans les matières propres à certains domaines (par exemple, en algèbre ou en géométrie, pour ce qui concerne les mathématiques), comme les comportements en classe, et serviront de point de départ à des actions éducatives et pédagogiques ciblées.

Une pédagogie différenciée doit être mise à l'étude et appliquée. Certains pays scandinaves et anglo-saxons ont déjà mené des expériences d'enseignements non mixtes de certaines matières, sans pour autant remettre en question la mixité générale puisque la plupart des cours et les temps de repos y demeurent communs. Une telle pédagogie permettrait, dans certaines disciplines, de préserver les garçons du regard porté par l'autre sexe (surtout au collège), d'homogénéiser le regard de l'enseignant sur les élèves, et réciproquement, mais surtout d'adapter les méthodes d'enseignements, voire les contenus, en fonction non seulement des centres d'intérêt différenciés (par exemple, le genre des lectures), mais aussi des réactions comportementales, qu'elles soient spontanément masculines ou féminines. Sur le plan du QI, les études montrent qu'il n'existe pas de réelles différences entre les sexes. En revanche, les sources de motivation face à un apprentissage, et plus globalement face à l'apprentissage, peuvent diverger. La pédagogie doit savoir s'adapter aux différentes motivations et à la manière dont chaque sexe appréhende la culture. La pédagogie différenciée n'implique pas toujours la séparation des groupes en deux classes. À la manière de ces classes qui, à la campagne (par exemple dans les villages où il y a peu d'élèves), regroupent plusieurs niveaux, on peut imaginer une même classe avec des programmes, des exercices, des modalités d'évaluation sexuellement différenciés.

Mieux connaître les maladies d'apprentissage. Une meilleure connaissance, un dépistage plus précoce et une amélioration des prises en charge des maladies d'apprentissage participeront de l'amélioration des performances scolaires, tous sexes confondus. Une collaboration encore plus étroite – reconnue comme une activité professionnelle par les tutelles et la caisse primaire d'assurance maladie – entre les soignants et le personnel de l'Éducation nationale permettra de renforcer la recherche et la mise au point de techniques d'apprentissage mieux adaptées.

Développer la lecture. Comme nous l'avons vu, il est urgent de sensibiliser le pays au problème de la lecture chez les garçons. Des campagnes d'information, des réflexions et des actions doivent être menées pour pousser les garçons à la lecture, pour leur en donner le goût, pour la présenter comme une activité virile, pas seulement comme une activité passive et spécifiquement féminine. Il est aussi important de lutter contre l'envahissement des écrans et l'usage des jeux vidéo, lesquels semblent toucher les garçons au premier chef, notamment parce que, en offrant un imaginaire prêt-à-porter, ils leur permettent de compenser le manque induit par l'absence de lecture. L'enseignement de la lecture dès le cours préparatoire, voire en grande section de maternelle (avec les prérequis), doit tenir compte de cette réalité : les élèves qui n'entrent pas bien dans la lecture sont majoritairement des garçons. Les familles doivent y être sensibilisées afin, le cas échéant, de contrebalancer à la maison ce désavantage en portant une attention particulière à l'écrit et à la lecture, en la valorisant auprès des garçons et en achetant des ouvrages en fonction de leurs centres d'intérêt (histoires de footballeurs, par exemple). Mais surtout on impliquera les hommes de la famille dans cette valorisation : le père lira des histoires à son fils, le grand-père lui achètera des livres, l'oncle l'accompagnera à la bibliothèque municipale, le grand frère s'intéressera à ses travaux de lecture, etc. On limitera le temps qu'il passera devant un écran et des jeux vidéo (y compris sur téléphone et sur console portable) à une heure par semaine au plus, par année d'âge, avec un maximum de douze heures par semaine pour les ados.

Les parents et notamment les modèles masculins se doivent de **proposer un modèle de rigueur et de persévérance.** Statistiquement, il apparaît en effet que les mères apparaissent plus exigeantes et plus rigoureuses à l'égard de leurs filles que de leurs garçons. Pour les filles, on agira de même en ce qui concerne les mathématiques, en veillant à leur donner davantage confiance en elles et à les inviter à plus de persévérance. Mais, sur ce point, le ministère des Droits des femmes a déjà proposé des mesures en 2013, s'alarmant notamment que, dès la crèche, les filles participent moins à des jeux favorisant le déplacement et la logique mathématique, tels la construction, les cubes ou l'escalade.

Redonner toute sa place au sport. Il convient aussi de favoriser l'activité physique des élèves en revalorisant l'éducation physique et sportive (EPS), pour le plus grand bien des filles comme des garçons. Des cardiologues américains [5] ont démontré que passer six heures assis est aussi nocif à la fonction cardiorespiratoire qu'une heure d'exercice lui est bénéfique. En EPS, les résultats des filles sont en moyenne moins bons que ceux des garçons à taille et à force égale. Qui s'en préoccupe ? Cécile Vigneron relève que derrière ce constat se cachent des stéréotypes sociaux et des stéréotypes de genre[6] : l'inégalité de réussite serait due notamment aux représentations et aux attentes des enseignants. La chercheuse condamne les représentations négatives et l'ensemble des stéréotypes sexués selon lesquels, à en croire certains professeurs d'EPS, les filles n'aimeraient pas le sport et préféreraient bavarder entre elles. Elle pointe l'aspect androcentré des enseignements, où prédomineraient les activités sportives masculines axées sur la compétition. Il importe de motiver les filles dans ce domaine, d'adapter l'enseignement, si besoin est, et de reconsidérer l'EPS comme une matière scolaire à part entière. Les garçons en difficultés doivent se sentir autant valorisés par une bonne note en EPS qu'en sciences de la vie et de la terre (SVT) ou en histoire-géographie. Professionnellement, le sport ouvre autant de portes que la géographie. Pourquoi ne pas s'inspirer de ces lycées ou de ces universités américaines qui considèrent autant leurs champions que leurs lauréats ?

Mieux encadrer les temps de récréation. Pendant la récréation, les enfants ne devraient pas être livrés à eux-mêmes, ni être uniquement soumis à une surveillance. La cour est un lieu d'apprentissage des règles sociales. Lorsque j'étais surveillant à l'école ou en centre de loisirs, pendant mes études, j'organisais des jeux collectifs pour apprendre aux enfants à jouer ensemble en respectant des règles et, ce faisant, leur permettre de réguler et de maîtriser leur impulsivité et leur agressivité. Il a été démontré qu'en raison de la mixité l'espace de la cour est envahi par les garçons et que les filles ne s'y ébattent pas aussi librement que celles qui bénéficient de cours non mixtes. Les missions des surveillants de récréation devraient davantage tenir de l'animation que de la simple surveillance. Les temps de récréation deviendraient ainsi de vrais temps de ressourcement, d'apprentissage des règles et de « création » de lien social. En règle générale, on impliquera davantage les jeunes garçons dans les tâches domestiques ou dans des activités sportives régies par des règles, afin de les préparer mentalement au schéma d'apprentissage d'une consigne, qui doit être suivie d'une exécution et de sa validation, ou d'une éventuelle correction avant terminaison.

Évaluer l'intelligence pratique et revaloriser les filières techniques. Andréas Schleider est directeur de l'éducation à l'Organisation de coopération et de développement économique (OCDE). Il a déclaré en août 2014 dans une interview que « l'école française est l'une des plus inégalitaires au monde. [...] On y est en décalage. Le monde moderne se moque bien de ce que vous savez. Il a besoin de gens créatifs, capables de croiser les sujets quand l'école française fait encore trop réciter les leçons[7] ». Réclamée par l'OCDE, l'enquête d'évaluation internationale PISA de 2013 a notamment étudié la capacité d'adolescents de 15 ans à résoudre des problèmes concrets mobilisant des compétences aussi diverses que meubler une pièce à moindre coût à l'aide d'un catalogue, optimiser les réglages d'un lecteur MP3, acheter des billets de train au meilleur prix, ou encore établir un plan de table tout en sachant que certains invités sont brouillés. Les élèves étaient donc testés sur des épreuves qui n'étaient pas *stricto sensu* scolaires, mais qui relevaient d'une intelligence pratique. Les résultats de cette enquête placent la France en meilleure position qu'elle ne l'est lorsqu'il s'agit d'évaluer ses performances purement scolaires – même si les pays asiatiques restent, là aussi, en tête de classement[8]. En effet, notre pays compte 12 % d'élèves très performants et 16 % en difficultés, tandis que la moyenne des pays de l'OCDE s'élève respectivement à 11 et 21 %. Les jeunes Français obtiennent de meilleurs résultats qu'en mathématiques quand il s'agit de résoudre des problèmes pratiques. Mais ce qui est notable pour notre sujet, c'est qu'en France les élèves les plus performants en la matière sont surtout des garçons. Ce qui confirme que d'autres méthodes d'évaluation seraient utiles pour mesurer l'intelligence pratique des garçons et que des méthodes pédagogiques différentes devraient tenir compte de ce type d'aptitudes. Enfin, alors que les résultats dans les disciplines traditionnelles comme les mathématiques montrent des divergences liées aux origines socio-économiques des élèves, les résultats cette enquête montrent qu'en France les résultats des élèves dépendent moins du milieu socio-économique que dans les autres pays. Que peut-on en conclure ? Que la méthode importe autant que le contenu et que **les garçons apparaissent plus performants quand ils utilisent l'ordinateur que lorsqu'ils se servent du papier**. Les modalités d'apprentissage et d'évaluation sont donc à revoir. Cela montre aussi que l'anxiété, le manque de confiance en soi et la motivation moindre sont des facteurs limitants pour les garçons en situation purement scolaire. Il apparaît nécessaire, comme le suggère la spécialiste de l'éducation française à l'OCDE Sophie Wayssettes, d'adapter la pédagogie et d'appliquer la manière dont les adolescents interagissent avec la résolution de problèmes à d'autres matières, comme les mathématiques ou le français, pour aller du concret vers l'abstrait [9].

Enfin, **les métiers techniques ne devraient pas être l'apanage des garçons.** Sans attendre une véritable mixité dans ce domaine, il est temps de revaloriser les filières dites manuelles. Prenons exemple sur des pays comme l'Allemagne et la Suisse qui développent des programmes d'apprentissage de qualité vers lesquels les adolescents, ne s'y sentant pas dévalorisés, sont de plus en plus nombreux à se diriger.

Avoir confiance en chaque élève et dans les enseignants. Il faut surtout prendre ses distances avec les stéréotypes, les idées reçues, le fatalisme, et avoir confiance dans les capacités de chacun : tous les enfants peuvent réussir. Au Japon, en Finlande, les parents ne doutent pas de la réussite de leurs fils et cette certitude influence positivement leurs résultats. Il faut aussi que le système éducatif bride moins ses enseignants. Selon Andréas Schleider, les enseignants français ont une formation trop académique ; ils ne sont là que pour dérouler un programme comme des exécutants et travailler dans leur coin ; ils manquent de liberté pour innover et développer des usages pédagogiques ; ils ne doivent pas hésiter, tout spécialistes qu'ils sont, à mettre en avant leur humanité. Les enfants, nous l'avons dit, apprennent par l'exemple et par imitation. La réussite scolaire est aussi une question d'affect.

D'autres pistes existent. Et les pédagogues, alliés aux autres professionnels de l'enfance, doivent s'unir pour y réfléchir et les mettre en œuvre. Aux instances concernées d'être à leur écoute pour lutter contre l'échec scolaire des garçons et bien évidemment contre l'échec scolaire de tous les élèves.

La réussite scolaire est un facteur majeur de renforcement de l'estime de soi, d'apaisement des tensions internes et un facilitateur de l'intégration sociale comme de la complicité avec l'autre sexe. L'échec scolaire, quant à lui, augmente l'intensité et la fréquence des comportements destructeurs qui prédominent chez les garçons. Or la prise en charge sociale de ces comportements délétères (accidents, conduites à risques, suicide, violence, délinquance, conduites sexuelles pathologiques, comportement de dépendance...) semble faire fi de cette réalité : ils touchent majoritairement le sexe masculin.

II

DES COMPORTEMENTS DESTRUCTEURS

5

L'EMPRISE DES JEUX VIDÉO

Les garçons se distinguent également des filles par leurs comportements destructeurs, non seulement à l'encontre d'autrui, mais aussi contre eux-mêmes : les conduites à risques, les prises de toxiques ou les actes suicidaires ont des conséquences plus souvent dramatiques chez eux. En outre, lesdits comportements sont bien moins fréquents chez les filles, même si le nombre d'actes violents et délinquants y croît en valeur absolue, comme dans l'ensemble de la population, ainsi que, depuis une trentaine d'années, en valeur relative. Des raisons génétiques, neurobiologiques et hormonales peuvent expliquer la prédominance masculine. Elles pourraient d'ailleurs permettre de mettre en évidence des facteurs prédictifs à partir desquels il serait possible d'élaborer des traitements spécifiques pour les cas qui le nécessiteraient. Mais ces arguments ne suffisent pas. Certains facteurs sociologiques et psycho-éducatifs jouent un rôle non moins important.

Comme le caractère majoritairement masculin des comportements destructeurs est un fait avéré, il doit être davantage pris en compte et étudié afin que des actions de prévention appropriées soient conduites dans le champ sociologique comme sur le plan éducatif.

Parmi les comportements potentiellement préjudiciables particulièrement propres aux garçons, il y a la pratique parfois immodérée des jeux vidéo, régulièrement accusés par les professionnels de l'enfance de nuire au bon développement des enfants et des ados.

« *Ravis* » *par les jeux vidéo*

Quel que soit leur âge, les garçons apparaissent plus férus de jeux vidéo que les filles. Même si, les jeux se diversifiant et le marketing aidant, le nombre des joueuses monte en flèche. C'est à l'adolescence que le différentiel apparaît le plus marqué. En outre, si les parents parviennent à réguler le temps que les enfants consacrent à cette activité, les adolescents leur donnent plus de difficultés. Quand je questionne les préados sur le métier qu'ils veulent exercer plus tard, « créateur de jeux vidéo » est clairement la réponse la plus fréquente.

Les jeux vidéo ne sont pas à vouer aux gémonies. C'est une activité divertissante qui stimule certaines fonctions cognitives telles que la concentration, la réactivité et sans doute aussi la vision dans l'espace. On devrait d'ailleurs davantage les utiliser pour stimuler les personnes âgées en déclin cognitif. Une étude britannique récente publiée dans la revue *Pediatrics*[1] a

> *Stéphane, un père de famille :* « *Il a 14 ans et ne sort plus de sa chambre. C'était un enfant qui s'intéressait à tout. Il aimait les sorties en forêt, le vélo, la piscine. Il a arrêté le tennis depuis un an alors qu'il avait un très bon niveau. Depuis, il passe des heures sur des jeux vidéo en ligne. Je n'ai rien contre cela. J'aime y jouer de temps en temps. C'est d'ailleurs la seule chose qu'on peut encore faire ensemble. Mais trop, c'est trop. Si je le laissais, il jouerait nuit et jour. Il est complètement détaché de tout le reste et de nous en particulier.* »

notamment mesuré dans quelles proportions ces enfants se révèlent satisfaits de leur vie, s'entendent mieux avec leurs pairs, et ont tendance à montrer davantage de solidarité avec les personnes en difficulté. Mais elle a également mesuré leurs niveaux d'hyperactivité et de manque d'attention. Elle confirme que jouer plus de trois heures par jour est très mauvais pour le développement de l'enfant, mais qu'y passer moins d'une heure au quotidien serait bénéfique.

On conçoit aisément qu'il est préférable de jouer moins d'une heure sur une console que plus de trois (signe, soit dit en passant, d'une négligence éducative). Il est en revanche plus étonnant d'apprendre qu'il vaut mieux y jouer une heure par jour que pas du tout. Sans doute cela favorise-t-il en effet des interactions sociales positives entre garçons. Mais c'est aussi le reflet d'une éducation parentale raisonnable, ni trop rigide ni trop laxiste. L'INSERM [2] a consacré en 2014 une étude portant sur l'usage excessif des

> *Tristan a 15 ans. Ses parents inquiets n'arrivent pas à le limiter car ils craignent son agressivité. Tant que ses notes étaient satisfaisantes, ils restaient tolérants. Mais ils se sont décidés à consulter quand les résultats scolaires sont devenus catastrophiques, et ce malgré ses facilités intellectuelles. Tristan assiste à tous ses cours et fait ses devoirs, mais il les bâcle de plus en plus. Par-dessus tout, manquant de sommeil car ne dormant pas pour jouer à des jeux vidéo, il est fatigué et se montre inattentif.*

jeux vidéo, étude autour de laquelle s'est dégagé un large consensus, quoique les critères d'addiction qu'elle a retenus restent en discussion [3]. Des consultations spécialisées ont été créées pour ce type d'addiction. Or la majorité des patients atteints de dépendance aux jeux vidéo sont des garçons. En revanche, les filles passent autant de temps que les garçons devant un écran d'ordinateur. En effet, elles ont une pratique plus intensive des réseaux sociaux. Indépendamment du temps que nos enfants passent devant les autres types d'écran (télévision, Internet), la dépendance aux jeux vidéo concernerait, selon certaines études, de 6 à 20 % des adolescents. **5 % joueraient aux jeux vidéo entre cinq et dix heures par jour** [4]. J'ai eu à prendre en charge des adolescents qui passaient plus de trente-cinq heures par semaine devant leur écran en période scolaire !

Une étude a établi que, depuis les trente dernières années, les enfants de 11-12 ans maîtrisent de moins en moins les notions mathématiques et physiques utiles dans la vie quotidienne [5]. Le professeur Michael

Shayer, du King's College de Londres, responsable de cette étude, à laquelle participèrent dix mille enfants, explique ce constat en déplorant qu'à l'école comme à la maison les enfants ne sont pas assez sollicités par des expérimentations pratiques, à quoi ils leur subrogent les écrans de télévision et surtout les jeux vidéo. Je constate, lors de mes consultations, que ce qui pose le plus de problèmes, ce n'est pas tant l'effet direct des jeux vidéo que le temps qu'ils volent à l'adolescent ; ce temps d'activités qui seraient utiles à son développement affectif et relationnel, nécessaires à sa bonne intégration sociale (qui développeraient son empathie, son respect des règles et des lois) et à son adaptation au réel.

Les critères que l'INSERM a retenus pour circonscrire l'addiction sont l'isolement, la perte de contrôle et les conflits avec l'entourage ; pour les garçons les plus dépendants, citons également les troubles du sommeil, le surpoids provoqué par la sédentarité et le grignotage, la baisse des résultats scolaires, l'irritabilité, les états de tristesse ou d'anxiété et les difficultés relationnelles avec les parents. En outre, **trop jouer à des jeux vidéo favorise la consommation de tabac, de cannabis, d'alcool ou de boissons énergisantes.**

L'adolescent touché ne se plaint pas de souffrir à cause d'un abus des jeux vidéo. En revanche, il se plaint quand, une fois les limites posées, il se sent frustré et en état de manque. Actuellement, le type de jeu le plus répandu reste non connecté : c'est celui qu'on pratique sur ordinateur ou sur console. Mais les jeux en réseau sont bien plus addictogènes. La preuve : les adolescents passent en moyenne plus de temps à y jouer. On compte que ceux qui y jouent quotidiennement le font pendant 5,4 heures par jour le week-end et 3 heures par jour en semaine. Certains garçons, nous l'avons dit, totalisent des durées moyennes d'immersion bien plus élevées.

Pourquoi les garçons sont-ils à ce point spécifiquement touchés par cette passion, qui peut les mettre dans un véritable état de dépendance ? La sophistication des jeux actuels plonge le joueur dans un véritable film dont il devient l'acteur principal. C'est une formidable fabrique artificielle de rêves. Un adolescent de 13 ans m'a dit un jour que, quand il était dans son jeu, il avait l'« impression de vivre, enfin ! ». Et il ne comprenait pas comment les jeunes faisaient pour « vivre quand les jeux vidéo n'existaient pas ». Doit-on y voir le signe que, désormais, une majorité de garçons éprouvent de grandes difficultés à s'évader par la rêverie et la lecture ? Un autre adolescent de 15 ans m'a confié : « Quand je suis dans mes jeux, je n'entends plus rien de ce qui se passe chez moi. Je suis ailleurs, avec mes amis, en réseau. » Les jeux vidéo sont un moyen d'échapper à la réalité familiale et sociale. Ils forment une sorte de paravent. Cela participe des processus d'opposition et d'individuation propres à cet âge. Autrefois, ils sortaient « au-dehors » de la maison ; désormais, ils sortent « au-dedans ».

Ce besoin de se détacher des parents, et de la mère en particulier, le parent le plus présent, les garçons l'éprouvent-ils davantage que les filles ? C'est possible, notamment pour des raisons œdipiennes, qui donnent au lien mère-fils une tension particulière. De plus, en

> *Une mère de famille m'amenant son fils pour dépendance aux jeux vidéo : « Étienne était un enfant réservé, mais pas autant qu'il l'est devenu avec la puberté. Il ne se confie jamais. Il garde tout pour lui. Il fait penser à son grand-père, qui est un ours. Avec ses copains, il ne parle que de jeux vidéo. »*

se repliant ainsi dans l'univers du jeu, l'adolescent croit satisfaire virtuellement un besoin de toute-puissance propre à cet âge (sentiment déjà présent entre 3 et 5 ans), Rien d'étonnant à ce qu'il ait envie d'éviter les contraintes de la vie réelle. En latin, *video* signifie « je vois tout ». *Vi* veut dire « la force », et *deo* « le dieu ». Ce sentiment de toute-puissance est inscrit dans le signifiant même du mot. Il est peut-être plus intensément éprouvé par les garçons pour la simple et bonne raison qu'ils ont plus l'esprit de compétition et qu'ils adoptent plus volontiers des comportements de prédominance. Ou encore qu'ils se sentent moins puissants à l'école.

Les jeux vidéo violents, où il est de règle d'abattre ses ennemis, sont ceux qui remportent le plus de succès. Or on sait que les actes violents sont plus manifestement le fait des garçons. Hélas ! ces jeux n'évacuent pas l'agressivité, quelque décharge émotionnelle qu'ils procurent. Ils la maintiennent présente, en circuit fermé, à l'image d'une batterie de voiture qui se recharge en roulant. *A contrario*, l'activité physique, le sport, violent ou non, entraîne une fatigue physique, fait baisser la tension artérielle et favorise la sécrétion d'endorphines qui apaisent les tensions internes. Ce n'est pas le cas avec ces jeux qui, en outre, et contrairement aux sports d'équipe, ne permettent pas d'intégrer les règles, loin s'en faut.

« Je m'ennuie si je ne joue pas ! » est l'argument le plus employé par un adolescent à qui ses parents ont demandé de moins jouer à des jeux vidéo. On verra que le recours à l'introspection apparaît moins fréquent chez le garçon qui, a défaut d'action, supporte moins bien l'ennui que la fille. Or les jeux vidéo le sortent de sa morosité. Ils fournissent des pensées et des rêves prêts-à-porter et par là même éloignent certaines pensées pénibles et autres fantasmes malaisés à refouler. Pourtant, peupler le terrain vague de l'ennui par des images de synthèse risque de faire de l'ado un être artificiel. Il est utile qu'il comble, par des élaborations mentales personnelles ou des actions constructives qui l'inscrivent dans le réel, le « manque à être » que lui inspire son ennui.

Les jeux en ligne sont un moyen d'être en lien avec d'autres garçons ou d'autres filles. La relation est médiatisée par le jeu. Ils répondent à ce besoin d'être ensemble tout en évitant aux adolescents de se mêler et de livrer verbalement une intimité affective. Le « je » est là sans le soi. Ils permettent aussi aux garçons de s'affronter sans se faire réellement mal et surtout en ne tenant pas compte des différences physiques, si importantes à ces âges. Ils sont une façon de répondre au besoin des garçons, qui y risquent des morts virtuelles, d'extérioriser les comportements à risque. C'est une manière de prendre des risques sans risque.

> *Romain, 13 ans : « Je suis nul en classe mais je suis un supergamer », se félicite-t-il. Ses victoires lui font du bien. Il les affiche sur les réseaux sociaux. Il se sent valorisé. Dans tous les autres domaines, il continue de souffrir d'un grand manque de confiance en lui qui favorise en un cercle vicieux son repli.*

Les parents à cet égard ont un comportement plutôt ambivalent. Ils s'alarment du temps que l'enfant perd devant son écran de jeu vidéo, mais ils s'alarmeraient davantage de le savoir à l'extérieur pour y vivre « en vrai ». Or ces jeux vidéo répondent à un besoin séculaire d'aventures propre aux garçons : réussir des exploits, être dans l'action. Les jeux vidéo répondent virtuellement à leur besoin psychique et physique de partir à la conquête du monde, d'être des héros guerroyants, à l'instar de certaines grandes figures de l'Histoire. Rappelons qu'Alexandre le Grand, comme d'autres conquérants, avait moins de 20 ans quand il envahit l'empire perse. Les jeux vidéo compensent ce besoin d'aventure sans malheureusement apporter de réalisations ancrées dans la réalité – qui seraient des lauriers sur lesquels ils pourraient se reposer – et sans intégrer les limites qu'impose le réel. Ce dernier point explique que certains joueurs excessifs passent à l'acte, car, dépourvus d'expériences pratiques, ils n'ont pas appris à maîtriser leur agressivité.

Les jeux vidéo constituent un loisir inoffensif et parfois intéressant pour le développement, à la condition qu'ils n'empêchent pas l'enfant et l'adolescent de s'intégrer dans le réel, ni qu'ils gênent leurs rapports aux autres, ou leur rapport à eux-mêmes. Les parents n'ont en tout cas pas d'autre choix que de limiter le temps qu'ils passent à consommer de telles images. Il est démontré que plus l'enfant qu'un encadrement parental défaillant laisse abuser des jeux vidéo est jeune, plus son état de dépendance sera grand à l'adolescence. Mais les parents ne doivent pas hésiter à donner des responsabilités aux adolescents, à leur accorder la possibilité d'avoir des activités diversifiées et des loisirs encadrés. La première de ces responsabilités est de vivre dans la réalité des moments exaltants. Les adolescents plongés dans l'univers virtuel ne manquent pas de sagesse, ni de soif de connaissances. Ils rêvent seulement d'une autre vie.

Les garçons n'utilisent pas l'ordinateur uniquement pour les jeux vidéo. Ils s'en servent aussi malheureusement comme média d'initiation à la sexualité. Le mot sexe est d'ailleurs celui qu'ils écrivent le plus souvent sur les moteurs de recherche. La cyberpornographie est aux besoins sexuels ce que les jeux vidéo sont au besoin d'action et de conquête. Elle présente des risques certains pour la sexualité des garçons, et contribue à favoriser la naissance de l'homme objet.

6

LA SEXUALITÉ EN DANGER

Hommes objets

Les féministes luttent avec raison contre le sexisme que véhiculent certaines publicités et certains clips vidéo. Les femmes y apparaissent souvent comme de simples objets sexuels ou comme des signes extérieurs de richesse. La Régie française de publicité (RFP) et le Conseil supérieur de l'audiovisuel (CSA) ont limité les dérapages, mais le sexisme demeure bien présent sur le câble ou sur Internet. En revanche, peu de gens s'alarment de l'utilisation d'hommes « objétisés » ou ridiculisés au service de femmes dominantes. La représentation de l'homme dans les publicités, mais aussi dans les fictions européennes, va dans le sens de l'abalourdissement : les hommes, notamment dans le domaine domestique, y apparaissent autant matamores que nigauds. L'objectif que poursuivent ces courants de représentation vise bien sûr à faire en sorte que la cause paritaire progresse en montrant que, quel que soit le domaine, les femmes sont aussi capables et peuvent même être meilleures que les

> *Quand je reçois Swan, 16 ans, en consultation pour des difficultés scolaires, il me dit vouloir être « pornostar », à l'image de ces acteurs du X qu'il voit régulièrement invités à des* talk-shows. *Les pornostars incarnent à ses yeux la réussite financière et le vedettariat.*

hommes. En outre, la mode du *toy-boy* (l'homme-jouet, c'est-à-dire objet sexuel) semble en plein essor. L'instrumentalisation des hommes à des fins sexuelles fait pendant à celle des femmes, comme s'il y avait là un moyen de rendre cette dernière plus tolérable. Toutes deux fleurissent au cinéma, dans la littérature ou sur les sites Internet de rencontres. Le marketing et la presse accompagnent d'ailleurs cette réduction des hommes à leur anatomie sans que personne s'en émeuve. En France comme à l'étranger, une banalisation de la commercialisation des corps est à l'œuvre dans les médias : en 2014, une émission de téléréalité exhibait la nudité de ses candidats. Les réseaux sociaux ont également favorisé le développement de l'exhibitionnisme et l'on y voit le plus souvent l'homme et la femme transformés en poupées gonflables. Or les jeunes générations, qui ont grandi loin des modèles archaïques de soumission féminine, manquent cruellement de modèles masculins fiables. Commercialiser son corps apparaît de moins en moins tabou pour les jeunes hommes. L'accès facile à la pornographie a banalisé une activité marginale, devenue une profession rémunératrice parmi d'autres.

Cet objétisation des hommes, comme des femmes, participe de ce nouveau consumérisme des corps qui atteint son acmé dans la pornographie.

> *Dan a 12 ans. Je l'ai soigné pour des troubles anxieux et dépressifs à la suite du décès de son père. Lors du dernier rendez-vous, il me confie qu'il regarde des vidéos pornographiques sur le Net depuis quelques semaines. Il dit les voir le soir quand sa mère dort. Il est allé les chercher de lui-même. Ces images suscitent chez lui beaucoup d'excitation. Il dit y penser toute la journée. C'est l'occasion pour lui de se poser mille et une questions sur la sexualité, sujet sur lequel ni son entourage ni le personnel des établissements scolaires qu'il a fréquentés ne semblent lui avoir donné d'informations. Ses interrogations portent essentiellement sur le moyen de satisfaire le désir des femmes, qui, à en croire les vidéos, sembleraient insatiables. Des angoisses de castration mais aussi de mort (en lien avec son histoire familiale) transparaissent face à son vécu fantasmatique d'impuissance.*

L'adolescent et la pornographie

La sexualité des garçons, de nos jours, est complètement bouleversée, pour le meilleur et pour le pire. L'information et l'éducation sexuelles – qui pourraient encore être améliorées – leur donnent les moyens de connaître l'anatomie et la physionomie. Leur tête est beaucoup moins remplie d'idées saugrenues que celles de leurs aînés, par exemple au sujet de la mécanique sexuelle. Ils accueillent avec moins d'ignorance les transformations pubertaires. Cependant, des progrès doivent être réalisés, car les règles qui régissent la sexualité humaine sont encore largement absentes des programmes scolaires et des discours que tiennent les parents. Les relations sexuelles imposées et les relations entre frères et sœurs sont loin d'être rares chez les adolescents. On découvre ainsi que les interdits, faute d'avoir été suffisamment posés et rappelés, n'ont pas toujours été bien intégrés par les jeunes gens. Les idées fausses concernant les attentes des jeunes femmes font le lit de comportements inadaptés à leur égard. L'influence négative de la pornographie est mise en avant pour expliquer ces troubles du comportement sexuel. Elle n'est sans doute pas seule en cause. Mais il est indéniable que **l'accès facile à la pornographie depuis une dizaine d'années, via Internet, bouleverse comme jamais la sexualité des préadolescents.** La majorité des garçons adolescents actuels sont concernés, qui, s'ils en consomment fréquemment, courent le risque de ruiner leur sexualité d'adultes.

Pour les garçons, la pornographie disponible sur Internet est devenue le principal mode d'initiation à la sexualité. Voir son premier film pornographique est presque devenu un rite d'initiation, une porte d'entrée dans l'adolescence. Si les mères s'en alarment, on constate que les pères se montrent plus tolérants. Sans doute parce qu'eux-mêmes regardent ou ont vu des films pornographiques quand ils étaient jeunes. Mais ils oublient qu'ils n'étaient pas si jeunes lorsqu'ils en ont vu, qu'ils n'en regardaient pas autant, que l'accessibilité était moindre, que la pornographie était plus « artisanale » et qu'ils avaient souvent déjà une expérience de la sexualité. Aujourd'hui, le porno sur Internet touche des garçons non pubères ou à peine pubères qui sont alors confrontés à une sexualité cari-

> *Adrien, 15 ans, profite de ma consultation, où il a été conduit à cause de ses difficultés scolaires, pour me confier qu'il s'inquiète de son fétichisme. Sa jouissance solitaire n'est possible que s'il peut sentir l'intérieur de chaussures ou des pieds de filles. Le caractère récent du trouble pourrait lui permettre de disparaître rapidement. Mais sa prise en charge est compliquée par la possibilité qu'a Adrien de visionner à outrance des scènes en lien avec cette forme très réduite de sa sexualité, ce qui a pour effet de renforcer terriblement son symptôme.*

caturale. Entre autres effets pervers, et parmi les premiers, les garçons développent des complexes. La vue d'organes masculins surdimensionnés se révèle une source d'anxiété et de mésestime de soi chez les adolescents. Plus d'un tiers d'entre eux admettent, selon une étude IFOP récente [1], avoir déjà été complexés par la taille de leur pénis en regardant un film X. Notons qu'en 2013 plus de quinze mille hommes, dans le monde, ont subi une pénoplastie, autrement dit un allongement chirurgical du pénis. D'ailleurs, les hommes de moins de 25 ans sont parmi les plus nombreux (les deux tiers) à penser que la taille du sexe masculin joue un rôle très important dans le plaisir féminin. Plus d'un sur deux, parmi ceux qui ont débuté une vie sexuelle, reconnaît avoir essayé des positions ou reproduit des scènes vues dans un film X.

Projeté dans un porno, le préadolescent, encore incapable non seulement de contrôler pleinement l'image qu'il se fait de son corps, mais aussi d'apprivoiser ses désirs, va s'abîmer dans un océan de fantasmes qui, loin d'être les siens, sont ceux des auteurs de la pornographie. Il s'agit en effet de représentations toutes faites et marquantes, car très excitantes, qui vont envahir l'imaginaire sexuel du jeune homme – au risque de s'y installer de façon pérenne – avant qu'il n'ait pu élaborer le sien. Dès la puberté, l'adolescent va ressentir progressivement des désirs sexuels qui activeront l'émergence de fantasmes, de représentations mentales de ces désirs, lesquels se bousculeront sous plusieurs formes à l'entrée de son esprit conscient : certaines pourront correspondre à des interdits fondamentaux (inceste, viol, zoophilie), d'autres à des perversions (fétichismes). Le psychisme de l'adolescent va devoir établir une sélection pour refouler les unes ou transformer les autres en représentations mentales acceptables, susceptibles d'être plus tard réalisées comme des comportements sexuels autorisés. Il va les humaniser et les réglementer pour ne pas les laisser à l'état brut. Ce processus de maturation fantasmatique s'élabore tout au long de l'adolescence et déterminera l'essentiel de la sexualité adulte. Immergé dans le macrocosme de la pornographie, c'est à partir des modèles qu'il y puisera qu'il forgera ses fantasmes. Le contenu pornographique et les émois qu'il suscitera risquent de cristalliser ses pulsions sexuelles, inhibant toute créativité personnelle.

Prenons bien en considération que l'adolescent, au fil de ses expériences, de ses échanges, de ses rencontres, de ses lectures, de ses activités, de ses flirts puis de ses premières relations sexuelles, modèle ses pulsions sexuelles comme de la glaise. Or la pornographie impose, clé en main, un kit de fantasmes qui va occuper tout le terrain de ses besoins sexuels et imprégner les différentes strates de sa construction fantasmatique, dont les pulsions sont souvent volcaniques.

Par le biais de la pornographie qu'ils visualisent sur Internet, jamais autant qu'aujourd'hui les préadolescents n'ont été aussi près de la sexualité adulte. L'adolescent qui, autrefois, devait se contenter d'espionner, excité et curieux, un couple faire l'amour dans un champ de blé ou dans une chambre aux rideaux entrebâillés avait conscience du caractère exceptionnel de ce qu'il voyait. Et ces images volées s'inscrivaient dans le contexte d'une relation humaine non exclusivement sexuelle. On était alors très loin d'une succession de gros plans d'actions mécaniques, purement sexuelles, hors de tout contexte relationnel et observables à l'envi. Si un adolescent peut raconter à ses copains, voire à ses parents, une scène d'amour qu'il aura aperçue à la dérobée, qu'est-ce qu'un préadolescent peut avoir à raconter après avoir vu un film porno ? Cette incommunicabilité témoigne bien de l'incapacité à intégrer affectivement, à assimiler mentalement ce condensé de fantasmes bruts. Un préadolescent n'a ni la maturité ni le recul d'un jeune adulte qui a eu des expériences sexuelles pour se détacher assez des émotions que provoque l'imagerie pornographique. **Dans la pornographie, on tire à balles réelles. L'impact pulsionnel est aussi fort que s'il regardait des images non fictives de guerre ou de crime.** Face à un film pornographique, tout se passe comme si le préadolescent était partie prenante. D'où les répercussions considérables que ces images finiront par avoir sur sa sexualité future.

Désormais, les femmes ne sont plus seules à être dégradées dans l'idéologie pornocrate. Les hommes sont également réifiés, réduits à des vits ou présentés comme des violeurs surpuissants face à des femmes toujours consentantes, quand ils ne sont pas des objets de soumission faisant face à des dominatrices. Ils le sont également par d'autres hommes dans les vidéos à caractère homosexuelles ou bisexuelles. La sexualité violente est abondamment « scénarisée ». Source d'inhibition, ces représentations invitent les adolescents à la violence sexuelle.

Des conséquences « hard »

Quand on passe en revue la littérature scientifique pédopsychiatrique, il apparaît que l'influence d'Internet sur la sexualité des adolescents favorise des pratiques sexuelles compulsives, l'hypersexualité et les perversions. À cause d'elle, les jeunes négligeraient les moyens de prévention contre les maladies sexuellement transmissibles. À cause d'elle, les plus jeunes ou les plus sensibles d'entre eux auraient subi des effets traumatiques causant de graves désordres d'ordre sexuel. Parmi les conséquences néfastes possibles d'une consommation trop précoce et excessive de porno chez les garçons, on relève des comportements sexuels marqués par l'absence de graduations. On constate que le passage entre le premier baiser et la première relation sexuelle a lieu de plus en plus rapidement. Les films porno sont considérés à tort par beaucoup d'adolescents comme un moyen d'apprendre à faire l'amour. Bien souvent, ils ne hiérarchisent plus les comportements amoureux et sexuels. On est dans le « tout ou rien », et sortir avec une fille implique rapidement pour le garçon le passage à l'acte. Ce dont la polysémie du mot « baiser » rend bien compte, qui met diverses pratiques sur le même plan. La pornographie menace le flirt, antichambre de l'amour où mûrit l'affect, tant psychologique que physique, préalable indispensable à une sexualité future épanouissante. Dès l'âge de 11 ou 12 ans, certains adolescents passent à l'acte de façon irréfléchie et sans affects.

Une autre conséquence néfaste de cette précocité : les garçons ont tendance à moins bien intégrer les interdits fondamentaux. **97 % des actes de délinquance juvénile portant sur les atteintes aux mœurs sont le fait de garçons**[2]. Les parents n'enseignent pas suffisamment les règles de la sexualité humaine, ou bien leur discours n'est pas suffisamment audible, ou, s'il l'est, est insuffisant pour contrebalancer les schémas pornographiques et l'excitation qu'ils éveillent. Cette consommation occasionne des confusions dans l'esprit des préadolescents et pourrait être un facteur d'actes de délinquance sexuelle tels que les relations forcées des tournantes, les relations incestueuses entre adolescents ou les abus sexuels sur des plus jeunes au sein de la fratrie ou en dehors. À cela s'ajoute la violence sexuelle, surreprésentée dans les séries crimi-

> *Jules, 17 ans, se plaint d'impuissance. La psychothérapie a mis en évidence chez lui une paralysie du désir sexuel, parce que, dans son esprit, il confond ses pulsions sexuelles et ses pulsions hétéro-agressives. Les films pornographiques très « hard » qu'il aurait regardés à partir de 12 ans ainsi que les séries pour adultes qu'il aurait consommées avec excès ont sans doute favorisé cette confusion. « Pénétration » est devenu pour lui synonyme de sévices et, s'il est impuissant, c'est peut-être qu'il craint de violenter une fille qu'il désire. Une réaction de cette nature peut se produire dans l'esprit du jeune homme qui est soumis à des stimulations excessives. C'est-à-dire qu'en lui va être contre-investie l'énergie pulsionnelle liée aux représentations interdites, ce qui entraînera une inhibition pouvant aller jusqu'à un refus de la sexualité possiblement à l'origine de symptômes divers comme des troubles obsessionnels compulsifs (TOC), lesquels témoigneront de la frustration née de la retenue.*

nelles américaines aux heures de grande écoute et qui, bien que bénéficiant d'une signalétique, est largement regardée en famille, comme l'ont montré différents sondages [3].

La pornographie, loin d'initier et de former les jeunes à la sexualité, comme certains le croient, freine la rencontre sexuelle harmonieuse et paisible. Ses répercussions sur la sexualité des garçons n'induisent pas uniquement baisse de créativité, désinhibition et transgression. Elles éveillent de nouvelles craintes liées à la performance et peuvent être la source de fortes inhibitions. Elles peuvent même induire un état de sidération sexuelle.

La cyberpornographie est addictogène : on en devient vite dépendant. De toutes les addictions sexuelles d'aujourd'hui elle est la plus fréquente. Le moteur de cette consommation n'est plus alors la simple curiosité ou le plaisir, mais un besoin physique et psychologique difficilement réprimable, qui peut devenir une véritable prison psychologique. L'adolescence est, plus que tout autre, un âge où il est plus facile d'être victime de dépendances. De plus, l'adolescent ne sait pas encore très bien contrôler ses pulsions. **Le cybersexe est une drogue dangereuse.** Plus l'adolescent consacre du temps à visionner de la pornographie sur Internet, plus il est addict. La dépendance comportementale est une addiction sans substance (contrairement à la dépendance au tabac et à l'alcool), et la dépendance à la cyberpornographie en fait partie.

Le tableau suivant présente les six critères diagnostiques de Griffiths (1996) concernant la dépendance comportementale.

1	Prépondérance	La consommation de porno sur Internet devient l'activité la plus importante dans la vie de l'ado. Elle domine ses pensées (préoccupations et distorsions cognitives), ses sentiments (par exemple, sentiment de manque) et ses comportements (détérioration des comportements socialisés).

2	Modification de l'humeur	Cette modification est une conséquence de la consommation de porno : humeur dépressive ou excitation, surexcitation, sentiment d'évasion.
3	Tolérance	L'ado augmente son temps de consommation pour obtenir la même satisfaction au quotidien.
4	Symptômes de sevrage	L'arrêt de la consommation (par exemple, un séjour sans possibilité de s'isoler ou d'avoir accès au porno sur Internet) entraîne des sensations déplaisantes (humeur dépressive, irritabilité, etc.) et/ou des effets physiques déplaisants (comme des tremblements).
5	Conflits	Il peut s'agir de conflits entre le jeune dépendant et son entourage (parents, amis, petite amie), ou bien de conflits intérieurs, intrapsychiques, entre la volonté de ne pas céder aux tensions causées par la dépendance à l'activité et le besoin psychologique de s'adonner à l'activité.
6	Rechute	Tendance à retourner aux habitudes liées à l'activité cyberpornographique après une période d'abstinence ou de contrôle de la dépendance comportementale.

L'addiction à la cyberpornographie n'a pas que des conséquences sur la future vie sexuelle de l'adolescent. Dans sa vie présente, elle le pousse à s'isoler, à préférer la solitude ; elle favorise l'ennui, l'anxiété sociale ou la déprime. Elle est couplée à d'autres addictions, comme l'alcool ou le cannabis. Elle le pousse également à se mésestimer. L'adolescent se réfugie alors dans le cybersexe pour apaiser diverses formes de stress aux dépens du sport ou des rencontres. Les performances scolaires en pâtissent, dans la mesure où l'adolescent consacre de fait moins de temps à l'étude. Ses absences sont plus fréquentes et sa motivation diminue. Il néglige également les obligations familiales. En outre, cette addiction est un obstacle aux rencontres sexuelles véritables quand l'adolescent est en âge d'en avoir. Si celles-ci s'accomplissent, l'addiction risque de ne pas disparaître pour autant, la satisfaction cybersexuelle étant alors appréhendée comme à la fois plus facile à obtenir et plus intense.

Les conseils du pédopsy

Le rôle des parents est fondamental pour protéger les garçons contre la pornographie. La prévention doit s'inscrire dans le vaste cadre d'une éducation où la vigilance s'associe à la pédagogie.

Il n'est pas question de s'en remettre à la télévision ni à Internet pour éduquer les enfants à la sexualité.

Nous l'avons dit, s'il faut protéger l'adolescent de la pornographie diffusée sur Internet, il faut aussi interdire aux enfants de regarder trop souvent des séries violentes ou certaines émissions de téléréalité qui s'apparentent à des jeux du cirque sexualisés.

Les enfants seront mis à l'écart de la sexualité des parents ou d'autres d'adultes.

Une éducation précoce à la sexualité est un rempart : plus tôt elle lui sera inculquée, moins l'adolescent croira qu'Internet peut fournir des réponses à ses interrogations.

Cette éducation débutera dès que l'enfant, par des mots ou par un comportement particulier, semblera se poser des questions sur le sujet. Ce qui est généralement le cas dès 4 ans.

La prépuberté, avec ses pulsions et ses désirs naissants, apportera son lot de nouvelles interrogations. Les parents pourront, à cette occasion, réitérer leur enseignement, essentiellement en informant le jeune que des règles régissent la sexualité humaine. Ainsi, il ne sera pas caché à l'enfant ou au préadolescent que nombre de conduites fort agréables sont autorisées pour ceux qui en ont l'âge et que tout vient à point à qui sait attendre. L'exhibitionnisme sera prohibé, contrairement à la masturbation, qui, par voie de conséquence, devra être pratiquée à l'abri des regards.

Il sera enseigné que les jeux sexuels sont autorisés à partir de 15 ans avec une personne consentante qui n'est pas de la famille et qui a elle-même 15 ans ou plus. Ainsi l'interdit du viol, de l'inceste et de la pédophilie sera clairement signifié. Des fictions ou des émissions regardées en famille, des faits divers seront autant d'occasions de rappeler le caractère délictuel de certains comportements sexuels.

Les parents seront disponibles pour répondre aux questions relatives à la rencontre amoureuse et aux relations sexuelles, mais ils pourront tout aussi bien déléguer cette tâche à d'autres membres de la famille s'ils ne se sentent pas à l'aise avec elle, ou s'ils sentent que le préadolescent ne l'est pas avec eux.

Les parents veilleront cependant à ne pas être trop intrusifs. Ils éviteront de questionner directement l'enfant sur son intimité et préféreront aborder le sujet plutôt en termes généraux, en se gardant de parler de leur propre sexualité.

Il existe un certain nombre d'associations telles que les CRIPS (Centres régionaux d'information et de prévention du sida) qui dispensent des enseignements dans les établissements scolaires. Les parents peuvent prendre contact avec eux pour obtenir des supports d'information leur permettant de communiquer plus aisément avec leur adolescent.

Les chaînes de télévision ont aussi, selon leurs cahiers des charges, un rôle déterminant à jouer. Elles pourraient encourager les représentations positives de la sexualité, en même temps que les fictions françaises qui, contrairement aux séries américaines, ne réservent pas une place aussi prépondérante à la délinquance sexuelle. Elles pourraient aussi limiter le climat graveleux et putassier de certaines émissions.

Les parents veilleront à ce que leur adolescent ait suffisamment accès à des sources de plaisir, de satisfaction et de détente, qu'il puisse rencontrer des gens de son âge en dehors des heures d'école, afin que ses pulsions libidinales puissent se ventiler et que la pornographie ne lui apparaisse pas comme la seule source de décompression.

Enfin, il ne faut jamais hésiter, si l'ado apparaît dépendant, à le conduire à une consultation pédopsychiatrique. Il existe des unités de consultations spécialisées dans la cyberdépendance.

Cependant, l'univers virtuel n'est pas le seul lieu où l'adolescent risque de se perdre. Dans la vie réelle, et dans la vie réelle surtout, il se met souvent en danger, que ce soit par des actions violentes ou des conduites à risques. Il en résulte des accidents qui peuvent être mortels et dont les garçons sont les premières victimes.

7

LE GARÇON, CET ÉTERNEL OPPOSANT

Les garçons sont décrits par leurs parents comme se montrant plus en opposition que les filles. C'est d'ailleurs la raison pour laquelle ils sont plus nombreux à consulter, même si le nombre de filles ne cesse de croître ; surtout entre 2 et 4 ans, puis au début de l'adolescence, entre 12 et 14 ans. Le climat familial en pâtit, ainsi qu'un certain nombre de liens de transmission entre les parents et leurs enfants.

Entre 2 et 3 ans arrive la fameuse phase d'opposition, que j'aime à appeler la « première crise d'adolescence ». L'enfant fait ses premiers caprices. Il s'oppose volontiers, passivement ou activement, et sans raison apparente. Ayant acquis la motricité et le langage, il se sent plus autonome, et il compte bien prendre un pouvoir qu'il croit lui être dévolu, compte tenu notamment de l'attention familiale dont il a été l'objet depuis sa naissance. Il s'affirme donc négativement, en s'opposant, avant d'apprendre à s'y employer différemment. Cette phase normale est souvent décrite comme plus intense chez les garçons que chez les filles, et ce sont les mères qui sont le plus souvent aux avant-postes pour y faire face. Car, aujourd'hui encore, ce sont elles qui passent le plus de temps auprès des jeunes enfants, leur dispensent les soins de maternage et les éduquent. **Pour les garçons, les mères sont de fait le premier modèle à suivre.**

Le garçonnet, alors imprégné de testostérone, fait preuve d'esprit combatif, d'impulsivité et d'intolérance face aux frustrations. Cette quantité d'hormones l'oblige à faire plus d'efforts pour se maîtriser. Devant ses parents, il aura généralement plus de mal à se pacifier que la fillette. De plus, c'est à cet âge que l'enfant prend conscience de son identité sexuelle, et cet acquis devient définitif. Dans le même temps, il prend acte de l'identité sexuelle de sa mère. Alors qu'auparavant il ignorait l'existence des sexes, sa mère ne lui semblait pas si différente de lui. Le moment vient pourtant où il se prend à la regarder d'un autre œil, en fait dès qu'il perçoit sa nature féminine. De même regardera-t-il tout un chacun en fonction de son sexe. Si sa mère a été son principal modèle d'identification, il doit pour se construire conformément à son identité masculine prendre certaines distances avec elle. Cette période d'opposition tombe à propos. S'opposant à sa mère pour se différencier, il va privilégier des modèles masculins, dont son père. Et, à mesure que sa mère sera moins son archétype, elle deviendra l'objet de son désir amoureux œdipien.

L'opposition des garçons aux autres femmes qui l'éduquent relève des mêmes dynamiques, tout comme le caractère plus combatif et offensif des garçons à l'école maternelle. Leurs dessins sont aussi plus souvent nourris de scènes de combat que ceux des fillettes, dont

> *Lucas, 16 ans, est un garçon intelligent, sportif, bien intégré socialement dans les quartiers favorisés où il habite. Il fut condamné à des travaux d'intérêt général pour tentative de vol avec effraction dans un pavillon, assortis d'une injonction de soins. On a retrouvé dans la cave du logement familial d'autres objets volés en magasin qu'il revendait sur certains sites Internet. Son père, divorcé, mais avec qui il vit, peine à croire à ce qui arrive. Lucas n'a jamais manqué de rien. Le père et le fils sont très proches. La petite sœur est d'ailleurs un peu jalouse de cette relation. « Je veux réussir comme mon père », me confie Lucas. Pour justifier ses vols, il précise : « On fait forcément des affaires aux dépens des autres. » Le père a monté différentes entreprises. Lucas a trouvé par sa conduite le moyen de se détacher de lui. Mais, ce faisant, il s'en rapproche sans en avoir conscience : le père m'avouera être visé par une enquête de la brigade financière en lien avec ses affaires...*

l'inspiration provient plus volontiers de l'univers du logis. Les moteurs affectifs des garçons sont successivement, parfois concomitamment, l'émancipation à l'égard de la mère et le combat œdipien dirigé contre leurs pairs (et vers leur père), dont ils souhaitent se rapprocher. L'intérêt pour les jouets mécaniques (les voitures ou les avions miniatures) n'est pas lié uniquement à la pression culturelle. Il traduit ce besoin manifeste qu'ils ressentent de se détacher de leur mère, besoin qui s'exprimera dix ans plus tard par la demande d'un scooter. Cet âge de la vie pose habituellement moins de problèmes aux filles. Quand elles prennent conscience qu'elles sont filles, elles continuent de prendre modèle sur leur mère.

Il arrive que l'intensité de ce « décollement » masculin laisse des traces et nuise au regard que la mère porte sur son fils, qu'elle trouvera agressif, méchant ou encore hyperactif. Mes confrères et moi-même nous retrouvons de plus en plus en présence de parents qui pensent que leur garçon est hyperactif alors même qu'il ne fait qu'entrer en opposition. Il arrive que le lien affectif entre la mère et l'enfant soit plus ou moins altéré et que, si l'amour maternel reste infini, une certaine désidéalisation s'opère. Surtout si un autre enfant naît et vient consoler le désarroi maternel. On a trop banalisé, et au bout du compte peu étudié, non seulement les conséquences à long terme de ces conflits qui éclatent au cours de la petite enfance, plus intenses chez les garçons, mais aussi les lésions qu'ils provoquent dans le continuum affectif mère-enfant, et donc dans le sentiment de sécurité interne de ces garçons, lequel contribuera à forger l'image qu'ils auront d'eux-mêmes.

Cette période d'opposition est cruciale dans la construction de la personnalité, ainsi que dans la future capacité du garçon à accepter les règles et les lois, à s'intégrer socialement, à tolérer les frustrations de toutes sortes. En 2005, l'INSERM préconisait de repérer dès la petite enfance, en crèche ou en maternelle, les troubles de la conduite susceptibles d'annoncer, des comportements délinquants à l'adolescence. Cette recommandation fut intégrée au rapport destiné à alimenter un projet de loi sur la prévention de la délinquance porté par le ministère de l'Intérieur de l'époque : la dimension de soins n'apparaissait pas ;

les ministères de la Santé et de l'Éducation nationale n'étaient pas impliqués ; un carnet de comportement était proposé dès la maternelle ; aucun moyen supplémentaire n'était alloué à la promotion des aides existantes (centre médicopsychologique, protection maternelle et infantile, structure médicosociale, aides pédagogiques spécialisées, etc.) ou à leur développement. Ce rapport s'est bien évidemment heurté à une levée de boucliers venue des professionnels de l'enfance qui mirent sur pied un mouvement nommé « Pas de zéro de conduite pour les enfants de 3 ans ». Il s'agissait à juste titre d'éviter d'établir une corrélation abusive entre les difficultés psychiques d'un enfant et son évolution vers la délinquance. Il importait aussi que les réponses proposées ne se contentent pas de coller une étiquette désastreuse sur les sujets concernés. Le projet fut abandonné et les méthodes d'expertise de l'INSERM dans le domaine de la santé psychique refondées.

Pour autant, la prévention de la délinquance ne peut faire fi des facteurs prédictifs de la petite enfance. Et une attention particulière devrait être portée sur la façon dont on accompagne les garçonnets au cours de cette période charnière. Parmi les adaptations qui seraient bienvenues, une parité dans la prise en charge des enfants paraît indispensable, non seulement au sein des familles, mais aussi dans les lieux d'accueil collectifs (écoles, crèches et halte-garderies principalement).

Les conduites d'opposition à l'adolescence sont directement liées aux conduites qu'adopte l'enfant dans ses premières années. Il s'agit d'une seconde

« individuation ». Là encore, elle est souvent plus manifeste chez le garçon. Le passage à l'âge adulte implique de prendre ses distances avec ses parents, notamment en se détachant des images parentales qu'on porte en soi. Cette distanciation s'impose également parce que le garçon a alors accès à une génitalité adulte qui, pour l'adolescent, rend les liens affectifs et physiques avec le roi et la reine de son enfance potentiellement menaçants : la crainte d'un rapprochement incestueux est donc le principal moteur de cet éloignement. C'est pourquoi **la relation fusionnelle mère-fils peut, une fois le fils à l'âge de l'adolescence, devenir explosive en l'absence de tiers séparateur.**

Il y a différentes façons de prendre ses distances : les conflits verbaux, le refus de communiquer, les sorties la nuit, l'isolement sous un casque audio ou dans un jeu vidéo, l'enfermement dans les études si les parents ont du mal à suivre, l'adoption d'un style vestimentaire contraire aux instructions parentales, etc. Les conduites d'opposition sont le mode le plus classique au début de l'adolescence, à l'âge « bête ». Elles peuvent aller jusqu'aux conduites de transgression ou de délinquance (qui signifie étymologiquement « rupture de liens ») pour rompre avec les règles transmises par les parents.

L'entrée en opposition n'est pas le seul biais emprunté par l'enfant. Il arrive malheureusement aussi qu'il prenne ses distances à l'égard de ses parents en adoptant une conduite à risques. Et dans ce domaine les garçons sont les plus casse-cou.

Les conseils du pédopsy

Les parents doivent être prévenus de l'existence de ces phases de transition et faire preuve de patience, être en mesure de discuter, de négocier, de faire des compromis. Ils se montreront conciliants, mais le plus souvent resteront fermes et prendront leurs propres distances :

- frapper à la porte de la chambre de l'ado avant d'entrer ;
- ne pas fouiller dans ses affaires ;
- éviter une trop grande proximité corporelle ;
- ne pas le frapper ;
- mettre un verrou sur la salle de bains ;
- faire preuve de pudeur devant lui ;
- ne pas dormir avec lui ;
- ne pas faire de chantage affectif ;
- ne pas s'habiller comme un adolescent.

Les parents feront en sorte que l'adolescent rencontre d'autres modèles adultes bienveillants.

Ils veilleront à conduire leur propre vie de façon qu'elle ne paraisse pas dépendre exclusivement de celle de leur adolescent.

Ils demanderont l'aide d'un professionnel en cas de besoin.

8

Risqué d'être un garçon !

40 % des décès des adolescents sont dus à des accidents, bien souvent liés à des conduites à risques [1]. Là encore, les chiffres parlent d'eux-mêmes : la prédominance masculine en cas d'accident mortel à l'adolescence est de 3 garçons pour 1 fille [2] ! Ils prennent principalement des risques lors d'activités sportives, pendant les périodes de loisir ou au milieu de la circulation, indifféremment à pied, à vélo, à rollers, à skateboard ou bien à scooter.

Des accidents trop fréquents

Dix-huit mille décès sont dus chaque année aux accidents de la vie courante en France. C'est plus du double des victimes d'accidents de la circulation. Or dénombre-t-on autant de campagnes de prévention dans les deux cas ? Là aussi, quel que soit le type des accidents, les garçons en sont les premières victimes, et ces accidents, s'ils ne sont pas tous mortels, occasionnent malheureusement des dommages physiques importants et certains handicaps. Chez les moins de 24 ans, la moitié sont des accidents liés à une activité sportive ou de loisir.

Répartition par âge et par sexe des accidents liés à une activité sportive ou de loisir[3].

Tranche d'âge	*Sex ratio* garçons/filles
0-1 an	1,24
1-4 ans	1,38
5-9 ans	1,41
10-14 ans	1,39
15-24 ans	1,43
Total	**1,39**

Pour ce qui est des accidents mortels, les garçons sont beaucoup plus touchés que les filles. Le *sex ratio*[4] est de 1,6, soit 44 garçons pour 27 filles[5]. La noyade en est la première cause, suivie des décès par suffocations (première cause chez les moins de 1 an), puis les chutes. Peu d'études se sont penchées sur la surreprésentation masculine, laquelle mériterait pour le moins des mesures de prévention spécifiques.

Les accidents de la vie courante ont tué 236 enfants de moins de 15 ans en France métropolitaine[6]. C'est quand l'enfant a entre 1 et 4 ans qu'ils sont les plus dangereux : ils sont la cause d'un décès sur deux. Tous âges confondus, la surmortalité masculine est à l'œuvre : le *sex ratio* est de 1,4 ! La surveillance des tout-petits en crèche ou en famille serait-elle fonction des sexes ? Les activités ludiques proposées sont-elles si différentes d'un sexe à l'autre ? Protège-t-on davantage les petites filles ? Les petits garçons seraient-ils plus téméraires ou simplement moins adroits ? Selon les quelques études sur le sujet, les garçons, quel que soit leur âge, prendraient plus de risques. Ils ne percevraient pas le danger de la même manière. Les garçons exploreraient plus volontiers l'environnement, encouragés par les parents qui leur laisseraient plus de liberté de mouvement et seraient plus vigilants avec leurs filles. Bref, les garçonnets seraient trop autonomes pour leur âge.

Mais, si les accidents de la circulation et ceux de la vie courante sont la première cause de mortalité des adolescents, ce sont principalement les conduites à risques qu'il faut incriminer.

Jeux dangereux

Parmi les conduites à risques, celle des jeux dangereux concerne majoritairement les garçons, qu'ils soient enfants ou adolescents. Entre 7 et 17 ans, 12 % ont déjà participé à un jeu dangereux, et 25 % s'en sont vu proposer [7]. Trois types de jeux prédominent : les jeux de non-oxygénation, d'agression et de défi. Il est difficile de les considérer comme des jeux de distraction ou d'amusement. On devrait davantage parler d'« épreuves », puisqu'elles incluent les notions de brimades, de péril, de match et d'initiation.

Les jeux de non-oxygénation ne sont pas nouveaux. Ils existaient déjà du temps des Gaulois, quand les jeunes soldats, des adolescents, un glaive à la main, se pendaient à une corde qu'ils tentaient de couper [8]. Aujourd'hui, les épreuves de ce genre ont été remplacées par le « jeu du foulard », le plus connu, ou par les « trente secondes de bonheur », le « jeu de la tomate », le « rêve bleu » ou encore le « rêve indien ». Ils se pratiquent le plus souvent à l'aide d'un tiers et consistent en une strangulation, une apnée ou une asphyxie. Les premières mises à l'épreuve constituent la phase d'initiation. De tels jeux se pratiquent en groupe (dans la cour de récréation, les toilettes des collèges…) et à l'abri du regard des adultes, mais aussi isolément, par autostrangulation. Ils peuvent avoir pour conséquences une hypoxie du cerveau dès la troisième minute, avec perte de connaissance, et entraîner des lésions cérébrales causant la cécité, voire la mort. Les enfants cherchent, par ces pratiques, à vivre une expérience hallucinatoire, à ressentir des sensations d'apesanteur, à percevoir des visions colorées, des sentiments de bien-être ; autant de réactions que le cerveau provoque, sécrétant des endorphines pour lutter contre la souffrance. Ces conséquences psychiques expliquent la terminologie employée pour désigner ces « jeux », qui souvent évoque le rêve. La pratique intensive et répétée du jeu du foulard peut être à l'origine d'un comportement de dépendance, qui pousse l'enfant à rechercher toujours plus de sensations en s'autoasphyxiant.

Les jeux d'agression quant à eux consistent pour un groupe à adopter des comportements violents physiques ou psychologiques à l'encontre d'un élève. Ces jeux peuvent être parfois intentionnels. La victime, après tirage au sort, passe l'épreuve consistant à se faire frapper ou marcher dessus avant d'infliger à son tour ce type de violence à une autre. Mais il arrive que les rôles ne s'inversent pas et que la victime soit toujours la même, choisie le plus souvent parmi les garçons introvertis ou enviés (plus aisés matériellement ou bons élèves).

Devenir un homme par le risque

La conduite à risques s'inscrit souvent dans une activité de groupe et une logique de défi. Bien des drames surviennent dans ces circonstances. Selon le baromètre « santé jeune », près de deux jeunes sur dix âgés de 12 à 19 ans reconnaissent avoir eu un geste dangereux par défi ou par plaisir dans le mois précédant l'enquête [9]. Ici aussi, les garçons sont deux fois plus nombreux que les filles.

Au début des années 2000, l'émission de télévision américaine « Jackass » (« crétin ») – qui montrait de jeunes adultes exécutant des cascades dangereuses, sans autre but que de faire rire – a introduit, essentiellement chez les adolescents masculins, la mode de la prise de risque. Exemples d'épreuves de cette nature : « se jeter sur une autoroute dans un chariot de supermarché » ou « escalader une falaise sans protection ».

De nos jours, sur les réseaux sociaux, les défis à relever font florès, et les épreuves, filmées par les adolescents eux-mêmes avec leurs téléphones portables, sont diffusées sur Internet. Et elles semblent bien n'avoir aucune limite : en 2014 est apparu aux États-Unis un défi consistant à s'immoler après s'être recouvert le corps d'alcool à brûler, avant de tenter d'éteindre le feu...

Les *necknominations* sont un autre exemple de défis dangereux inspirés par l'ancestral *neck your drink* (« boire cul sec »). Ce « jeu » consiste pour le participant à se filmer en train d'ingurgiter des boissons alcoolisées avant de publier la vidéo sur Internet. La quantité et la diversité des alcools mélangés sont perçues comme deux critères de mérite. Le buveur *nomme* ensuite deux autres personnes qui doivent à leur tour relever le défi dans les vingt-quatre heures. Les morts par coma éthylique ou accident (de la route notamment) ne sont pas exceptionnels.

Les réseaux sociaux, qui permettent aux jeunes de montrer leurs vidéos, favorisent le sentiment de reconnaissance entre pairs. En outre, ils nationalisent, voire internationalisent, les défis. Une étude américaine récente a démontré que les réseaux sociaux sont l'un des facteurs amenant à ce type de conduite [10]. Mais ils n'expliquent pas pourquoi les adolescents décident de prendre de tels risques : ces mauvaises habitudes sont bien plus anciennes qu'Internet, surtout chez les garçons. Les défis qu'ils se lancent indiquent qu'ils ont soif d'héroïsme, soif qui n'est pas étrangère aux hommes, l'Histoire l'a assez montré.

Antoine, 19 ans, a été présenté par la presse comme un lycéen sans histoire, non suicidaire, qui se destinait à entrer dans la gendarmerie. Malheureusement, le 12 juin 2014, il s'est jeté avec son vélo dans la Vilaine, à Begannes, dans le Morbihan. Lesté par sa bicyclette, il est mort noyé sous les yeux de ses camarades et de leur caméra vidéo. Car la scène était censée être diffusée sur les réseaux sociaux.

Aujourd'hui, alors que le monde occidental est plus protégé que jamais, le nombre d'adolescents qui viennent consulter atteint des sommets. Alors que tout concourt à la sécurité des individus, **les prises de risques des adolescents s'apparentent bel et bien à une conduite d'opposition.** En prenant des risques, ils se marginalisent. Il faut sans doute voir les comportements décrits ici comme une recherche moderne de bravoure.

Les accidents dont sont victimes les adolescents sont aussi la conséquence de leurs spécificités physiologiques. Ils n'ont pas les capacités, la maturité, le recul d'un adulte pour évaluer les risques encourus. Leur corps tout neuf ne coordonne pas encore bien tous leurs mouvements. De plus, la croissance physique, en valeur absolue comme en valeur relative, est plus importante chez le garçon que chez la fille. Aussi le passage au corps adulte lui demande-t-il une maîtrise corporelle plus importante. À cela s'ajoutent son caractère impulsif, son intempérance, son intolérance aux frustrations, son inattention, qui sont autant de facteurs accidentogènes.

L'adolescent éprouve le besoin d'explorer les limites de son corps, d'en connaître les frontières en allant au bout de ses capacités. Il hérite d'un territoire dont il n'a pas la carte et part à la découverte de ses propres terres, voire tente d'en repousser les bornes. Partir à la conquête de soi est certes un objectif que garçons et filles ont en commun. Ils explorent leurs capacités intellectuelles, à l'origine des grands questionnements existentiels qui bouleversent cet âge. En dehors des facteurs hormonaux et des modèles éducatifs, si les filles apparaissent plus prudentes, peut-être est-ce parce qu'elles se projettent assez vite dans leur rôle de future mère. D'ailleurs, d'une façon spécifiquement féminine, elles prennent aussi des risques : on pense aux rapports sexuels non protégés auxquels elles consentent et aux grossesses non désirées qui s'ensuivent parfois. En effet, malgré les campagnes de prévention, 18 000 mineures sont tombées enceintes en France en 2010, et 70 % ont fait pratiquer une interruption volontaire de grossesse [11].

Les troubles du comportement alimentaire, parmi lesquels, entre autres, des troubles de la sphère anorexique, touchent également très majoritairement des jeunes filles. S'ils ne sont pas *stricto sensu* considérés comme des conduites à risques, on peut cependant s'interroger, car ils mettent le corps en danger et s'apparentent à une tentative d'exploration des limites internes du corps.

J'oserai un parallèle entre le caractère respectivement interne et externe des appareils reproducteurs des filles et des garçons et les dimensions internalisées et externalisées de leurs conduites à risques. Tout se passe comme si, à l'adolescence, les conduites exploratoires à risques étaient mues en partie par des pulsions libidinales. Or les pulsions masculines s'expriment davantage par l'expulsion, la projection. La génitalité même des adolescents confère à leurs conduites à risques un caractère de conquête externalisée. En apprenant à maîtriser leur avidité et en s'appropriant leurs pulsions libidinales, ils développeraient leurs capacités de sublimation [12] et éviteraient par là sans doute de passer à l'acte. Mais, pour répondre aux dangers que courent les adolescents, le rôle bienveillant d'accompagnement et d'encadrement des adultes doit favoriser leur autonomisation, étancher leur soif de responsabilités, satisfaire leur besoin d'héroïsme, d'affirmation de soi, et leur permettre de se lancer des défis (sportifs ou autres) dans un cadre suffisamment sécurisé.

Prendre des risques, c'est pour eux le moyen de mettre leur corps en jeu et, d'une certaine façon, de se le réapproprier en le reprenant à des parents qui semblaient jusque-là en avoir la propriété, et ce alors même qu'il se transforme à grande vitesse. D'ailleurs, beaucoup de parents croient « posséder » leur enfant quand ils disent « tu es mon enfant ». Et l'enfant a tôt fait de fantasmer que, si sa mère lui a donné la vie, elle pourrait aussi la lui enlever. **En prenant des risques, l'adolescent cherche à s'émanciper.** Il s'agit pour lui de récupérer son pouvoir de vie (ou de mort) sur lui-même, de se réengendrer. C'est le plus souvent, on l'a vu, par rapport à la mère que cette émancipation doit s'opérer.

Pour la fille, c'est d'abord sur le terrain de la féminité que l'affirmation s'établit : la jeunesse, la fertilité, les capacités de séduction ainsi que, désormais, le niveau d'études assurent à l'adolescente des possibilités de s'affranchir de la puissance maternelle. Quand la relation est pathologiquement fusionnelle, ce sont des symptômes hystériques, des somatisations conduisant à une médicalisation, des troubles du comportement alimentaire ou des grossesses précoces qui inaugureront la tentative de détachement.

Pour le garçon, il s'agit de se détacher non seulement du champ maternel, mais du champ féminin plus généralement, et plus ou moins intensément selon la façon dont se construit sa personnalité. Le corps du garçon doit d'autant plus se décoller du corps maternel dans son imaginaire qu'il doit se « déféminiser ». Des passages à l'acte et des comportements à risques sont la traduction de ce décollement, de ce désappariement vécu comme nécessaire. Être reconnu pour rejoindre son groupe de pairs, c'est devenir à la fois plus grand (constat également vrai pour la fille) et plus homme, c'est-à-dire plus mâle. Prendre des risques, pour le garçon, c'est aussi se donner un rôle actif : la passivité peut être mal vécue, notamment la passivité scolaire (qui touche moins les bons élèves, qui se sentent actifs dans leur réussite), et être synonyme de féminité ou de position infantile. Les transformations physiques et psychiques que vivent les enfants renforcent ce sentiment de passivité. Prendre des risques leur donne l'illusion de reprendre la main.

Enfin, une fois émancipé, l'adolescent, en continuant de prendre des risques, éprouve inconsciemment son droit à la vie. Accueilli nouveau-né par ses parents, désiré – puisque les grossesses sont désormais programmées –, l'ado veut savoir si, à l'occasion de sa « renaissance » et malgré ses fautes imaginaires (non seulement ses désirs œdipiens, mais à l'inverse son besoin de brûler les idoles que représentent pour lui ses parents), la vie veut bien de lui. Les prises de risques deviennent l'équivalent de l'ordalie du Moyen Âge : cette épreuve judiciaire, aussi appelée jugement de Dieu, en l'absence de preuves suffisantes plaçait le suspect dans une situation périlleuse : il était par exemple jeté dans un fleuve. S'il en réchappait, protégé par la Providence, il était reconnu innocent.

Échappant à la mort malgré les risques qu'il prend, l'adolescent se sent légitimé dans son émancipation virile. Certes, le plus souvent, l'adolescent se limite dans le temps. Devenues opérantes psychiquement, ces prises de risques permettent à l'adolescent de se reposer sur ses lauriers. Mais il existe parfois une pathologie psychique sous-jacente qu'il importe de prendre en charge. Il en va ainsi des risques, assimilables à des conduites suicidaires, que prend un adolescent dépressif cherchant non pas à échapper à la mort, mais plutôt à la vie. D'autres encore vont **prendre des risques jusqu'à en devenir dépendants.** Cette dépendance comportementale est une forme de toxicomanie au danger. Il n'est plus question de dépassement de soi, mais d'une modalité pathologique d'existence, d'être soi. Ces situations nécessitent une prise en charge spécialisée.

Les conseils du pédopsy

Dans les cas plus classiques où l'adolescent prend des risques, les parents, et l'entourage au sens large, ont un rôle majeur de prévention et d'accompagnement à jouer. À tout âge ils doivent éduquer l'enfant à la sécurité, de façon objective et sans se montrer anxiogènes.

Au cours de sa petite enfance, il faut être très vigilant, s'assurer que son environnement est sécurisé, l'accompagner dans ses explorations, anticiper ses prises de risque et valoriser ses réussites.

Adolescent, on l'inscrira en stage de prévention routière et, dès l'âge de 16 ans, à des cours de secourisme. Plutôt qu'une hyperprotection, on préférera la discussion autour des risques acceptables, des risques incontrôlables ou aux conséquences imprévisibles.

On veillera à ce que son adolescent sache maîtriser les risques. On s'assurera qu'il connaît les règles de sécurité à suivre dans les situations dangereuses. La sécurité sera présentée comme une démarche active et non comme une attitude passive de repli.

On prendra soin, à tout âge, de faire en sorte que l'adolescent développe des aptitudes physiques : grâce à des activités sportives diversifiées, il améliorera son sens de l'équilibre, ses capacités d'orientation, son habileté, sa souplesse, sa coordination et ses réflexes.

Quel que soit son âge, on lui enseignera à respecter autrui, sa liberté de prendre des risques s'arrêtant là où commence la sécurité des autres.

N'hésitez pas à le féliciter si vous êtes témoin d'un exploit ayant, ou non, impliqué une prise de risque ou s'il vous le rapporte. Ne dévalorisez pas ses prouesses malgré le danger et les angoisses qu'elles ont fait naître en vous. Cependant, rappelez les règles de sécurité s'il les a enfreintes et reconnaissez que vous avez eu peur pour lui, afin qu'il ne soit pas tenté d'enchérir pour obtenir votre considération ou une réaction de votre part.

Tenez compte de son besoin d'héroïsme. Plus il aura la possibilité d'avoir sa photo dans le journal ou d'avoir son quart d'heure de gloire par une réussite sportive, ou un concours de chant, moins il cherchera à risquer sa peau.

Encadrez ses conduites à risques. Si vos moyens vous le permettent, organisez-lui un saut à l'élastique, voire un saut en parachute.

Confiez-lui des responsabilités. Les jeunes qui travaillent sont moins tentés que les lycéens désœuvrés de se comporter dangereusement.

Aidez-le à se détacher progressivement de votre tutelle sans qu'il ait besoin pour ce faire de se le prouver par des actes. Deux parents ne sont pas de trop pour cela. **Un père présent et pas seulement pour réprimander est un soutien pour l'ado dans la construction de sa virilité.** Des séjours dans des camps d'adolescents ou chez d'autres parents l'aideront également à « se décoller » physiquement.

9

MAUVAISE HERBE

Les conduites toxicomaniaques apparaissent le plus souvent à l'adolescence et touchent majoritairement les garçons [1]. On connaît les conséquences délétères de ces usages répétés sur la scolarité, l'avenir socioprofessionnel, le développement émotionnel et cognitif, et plus généralement sur la santé de celui qui consomme des drogues.

Depuis trente ans, les filles sont chaque année plus nombreuses à boire sans modération. Filles et garçons sont ivres pour la première fois à peu près au même âge [2] (15,1 ans pour les garçons et 15,3 ans pour les filles). Si l'écart s'amenuise d'année en année, les garçons consomment davantage de boissons alcoolisées, surtout quand ils sont issus des catégories de population fortes consommatrices [3].

Concernant la cocaïne, l'écart de consommation entre les filles et les garçons ne cesse de se réduire : à 17 ans, les garçons sont 3 % à avoir expérimenté la cocaïne, contre 2 % des filles.

Les boissons énergisantes sont davantage consommées par les garçons et plus encore dans les cercles de forte consommation.

> *Zacharie, 16 ans, communique de moins en moins avec ses parents. En six mois, ses résultats scolaires ont chuté. Il ne se rend plus aussi régulièrement à ses cours de sport de combat. En consultation, il se plaint d'éprouver des difficultés à s'endormir et aimerait que je lui prescrive des somnifères. Il finit par me confier que, depuis plusieurs mois, il consomme quasi quotidiennement du cannabis. Ses parents commençaient à s'en douter. Il en fume depuis qu'il a 14 ans, avec des copains. Mais sa consommation s'est accélérée à la suite de déconvenues sentimentales, de problèmes familiaux (ses parents sont en conflit) et de questionnements existentiels, alors même qu'il est d'un caractère plutôt joyeux et peu habitué à se poser des questions. Le cannabis lui a permis de réduire ses doutes et ses angoisses, de se ménager une sorte de cocon. Mais le cocon s'est refermé sur lui et l'humeur dépressive l'a gagné. Le suivi thérapeutique lui a permis de se confronter à lui-même. Un travail d'élaboration de ses nouveaux besoins, de ses nouveaux désirs et une réflexion mature sur le sens de son existence lui ont appris à mieux se connaître, et lui ont permis de réduire considérablement sa consommation.*

Les garçons consomment plus de cannabis que les filles, surtout si la consommation du groupe auquel ils appartiennent est élevée [4].

Les garçons sont donc globalement plus dépendants que les filles aux substances toxiques [5]. Parmi les facteurs psychologiques qui permettent d'expliquer ce constat, on note que prévalent chez les garçons le défaut d'assertivité [6], l'impulsivité et le TDAH [7]. L'échec scolaire – qui touche, on l'a vu, davantage les garçons – les incite aussi grandement à recourir à la drogue. D'autres facteurs agissent de manière quasi équivalente entre les filles et les garçons : les situations familiales difficiles, la recherche de nouveauté et de sensations ; les troubles de l'humeur, les troubles anxieux, les aléas de l'existence, la mésestime de soi et le manque de confiance en soi. Mais il est possible que les mécanismes d'action individuels par lesquels on lutte contre ces malaises diffèrent selon le sexe : les garçons privilégiant les toxiques.

Des facteurs génétiques accroissent la dépendance, mais ils ne suffisent pas à expliquer le différentiel entre les filles et les garçons. L'influence du groupe des pairs jouerait en revanche un rôle décisif. Peut-on en conclure que les garçons sont plus influençables, sur ce terrain du moins ? Pour l'alcool, il se trouve que les adolescents sont moins sensibles à ses effets négatifs, comme l'incoordination motrice, mais davantage aux effets ressentis comme positifs : la facilité des interactions sociales et la désinhibition émotionnelle, notamment. Quand on sait que les garçons sont plus handicapés dans l'expressivité émotionnelle, on comprend mieux pourquoi ils comptent parmi les plus gros consommateurs.

Les conseils du pédopsy

Pour éviter ces conduites de dépendance de l'adolescent, son entourage peut intervenir de façon préventive. C'est dès les premières années de vie que la prévention joue son rôle. Chez le très jeune enfant, on veillera à assurer une sécurité affective et relationnelle. En effet, un sentiment d'insécurité, une anxiété de fond née de troubles de l'attachement plus anciens peuvent faire le lit de conduites de dépendance aux toxiques, utilisés comme cocon protecteur. On mettra en place cette sécurisation avec une continuité et une constance affective à la fois physique et émotionnelle : il s'agit pour les parents de se rendre suffisamment disponibles sans être étouffants, de lutter contre leurs propres angoisses de séparation ou de quelque autre nature qu'elles soient, d'adopter des conduites et de tenir des propos prévisibles ; il s'agit aussi de se montrer rassurants dans la plupart des circonstances.

Avec son adolescent, on sera exigeant quand il conviendra de l'être, on le rappellera à l'ordre autant que nécessaire, mais on lui laissera des temps de respiration et des moments de régression. On répondra à son besoin d'autonomie. En effet, en se droguant, l'adolescent peut chercher inconsciemment à échapper à ce qu'il vit comme une emprise parentale de nature affective. On évitera de chercher à le stimuler sans cesse, à contrôler ses actions. Prendre des substances psychoactives telles que l'alcool répond aussi à un besoin de régression, à un retour au biberonnage passif de la toute petite enfance : ne cherche-t-on pas à être « plein comme un œuf » ? C'est le papillon qui redevient chenille en s'encoconnant.

On travaillera avec l'adolescent sur son impétuosité et sur ses difficultés à différer la satisfaction de ses besoins, qui favorisent les recours à des substances pour apaiser des tensions internes.

On évitera autant que possible de lui faire prescrire des sédatifs ou autres médicaments psychotropes visant à le soulager. On leur préférera la présence physique et les paroles apaisantes. Aux États-Unis, où les enfants sont très souvent soignés de la sorte, on a établi qu'il existait un lien entre le fait de prendre des psychotropes dans la petite enfance et le fait de se droguer une fois l'adolescence venue [8].

On luttera au besoin en proposant à l'adolescent plongé dans une tristesse prolongée de consulter un spécialiste. En effet, les adolescents sont régulièrement déprimés : c'est quand ils sont dans cet état qu'ils ont tendance à recourir aux toxiques pour tenter de contrer la neurasthénie, le sentiment de vide ou d'ennui. Il en est de même des états d'anxiété prolongés. Il arrive qu'à cet âge la dépression soit masquée par des comportements agressifs, des conduites d'opposition, des états d'agitation qui sont autant de signes prouvant que l'adolescent lutte contre une dépression.

Dans le parcours éducatif de l'enfant, on aura soin de stimuler son imaginaire, par exemple en lui contant des histoires le soir, puis en lui proposant des livres au lieu de le laisser devant la télé. On l'invitera, s'il s'ennuie, à jouer à autre chose qu'aux jeux vidéo, en lui demandant par exemple de parler de ses rêves. Si on laisse leur imaginaire se solidifier, s'ils ne prennent pas l'habitude de solliciter la rêverie, les adolescents – qui sont très matérialistes et très empreints de factuel – se montrent impulsifs. Il convient de les protéger dans un premier temps d'angoisses imaginaires. Certes, ils semblent avoir les pieds sur terre, mais ils peuvent être désanimés de l'intérieur ; et, plus s'accroît leur vide émotionnel, plus le risque est grand de les voir chercher à le combler artificiellement, par des substances psychoactives.

Si les adolescents croient avoir besoin de l'alcool ou d'autres substances, c'est pour se désinhiber. Le devoir des parents est de leur apprendre à exprimer leurs émotions. Ils doivent également surveiller les fréquentations de leur enfant, qui pourrait n'expérimenter la drogue et n'en prendre régulièrement que parce qu'il imite ses camarades ou parce que le groupe l'initie à cette pratique.

Se droguer ne va pas sans risque : comme face à n'importe quel comportement à risque on doit, on l'a vu, protéger l'adolescent en contrôlant les rites d'initiation par lesquels il a besoin de passer et en l'aidant à accomplir des actions valeureuses dans un cadre sécurisé.

Quand un spécialiste reçoit en consultation un adolescent, il lui propose selon les cas de passer des entretiens motivationnels, de suivre une thérapie cognitivo-comportementale, une thérapie familiale, une thérapie psychodynamique (d'inspiration psychanalytique), associée parfois à des soins résidentiels (hospitalisation). On pourra y adjoindre des interventions visant à développer ses compétences psychosociales. Des aides à la parentalité pourront également se révéler nécessaires.

Enfin, les campagnes médiatiques doivent s'adapter aux populations qu'elles visent. Et le législateur, qui, bien sûr, limite ou interdit la diffusion de ce genre de produits, doit donner les moyens de développer non seulement la prévention, mais aussi l'accompagnement des adolescents en souffrance ou en déshérence.

Toutes les conduites de dépendance augmentent l'agressivité de celui qui les adopte, qu'il soit sous l'effet d'un produit ou en état de manque. Or les adolescents, en raison même de leur âge, sont déjà suffisamment violents. En l'espèce, agresseurs et victimes sont une fois encore majoritairement des garçons.

10

LES GARÇONS VICTIMES DE LEUR VIOLENCE

Les actes violents, en lien ou non avec des conduites délinquantes, prédominent chez les garçons, bien que les adolescentes soient de plus en plus nombreuses à en commettre. Les hommes sont responsables de 94 % des actes violents, agressions, voire meurtres. 83 % des conducteurs impliqués dans la délinquance routière sont également des hommes [1].

Cette violence majoritairement masculine est dirigée contre autrui, mais aussi contre soi-même : 75 % des adolescents qui se suicident sont des hommes. Chez les moins de 18 ans, la violence physique non associée à des délits (bagarre, bris d'objet) est de deux à trois fois plus fréquente chez les garçons. En revanche, les violences verbales, non diffamatoires, sont davantage l'apanage des adolescentes. La violence physique des garçons diminue de moitié entre 13 et 18 ans, remplacée par une violence verbale qui croît d'un tiers, ce qui traduit une amélioration de la maîtrise de soi mais reste inférieur d'un tiers à celle des filles.

La violence sexuelle n'attend pas l'âge adulte. Selon une étude américaine, un quart des auteurs de viols sur des femmes aux États-Unis seraient des mineurs et, selon Amnesty International, 90 % des violeurs ne présenteraient pas de pathologie mentale. Réaffirmer l'interdit du viol est une des missions principales de l'éducation à la sexualité.

La quasi-totalité des auteurs de viols sont des hommes et la majorité des victimes sont des femmes. Il y a donc aussi des hommes parmi les victimes, ce que confirme, en 2013, une enquête nationale américaine sur les victimes de la criminalité : 38 % des victimes déclarées seraient des hommes[2], dont des garçonnets victimes de pédophiles (hommes ou femmes) et des détenus. L'idée que des hommes, mais aussi des femmes, puissent violer des hommes commence à être prise en compte. La définition du viol pour le FBI n'est plus la « connaissance charnelle d'une femme commise par la force et contre sa volonté ». Elle a été modifiée en 2012 : les termes « force » et « femme » y ont été supprimés. Une nouvelle catégorie de violence sexuelle est même apparue aux États-Unis : elle concerne les personnes ayant été amenées à pénétrer quelqu'un par la contrainte[3].

Si l'on excepte les violences sexuelles, les jeunes hommes sont la catégorie de la population le plus fréquemment victime de violences. La violence est inscrite dans les racines de l'identité masculine. L'esprit guerrier apparaît très tôt chez le garçon. Et nous verrons, dans la troisième partie, la part que prend la testostérone dans l'agressivité, les garçons devant faire davantage d'efforts pour maîtriser leur violence, leur esprit de conquête et leur impulsivité. Par ailleurs, le rôle des modèles masculins joue à plein dans la construction de l'identité masculine. Les personnages de fiction proposés aux enfants sont très souvent des combattants. Longtemps, dans l'histoire de l'humanité, la violence en tant que principal moyen de résolution des conflits a été valorisée et récompensée. On ne compte plus les rues qui portent le nom de « grands » guerriers ou militaires. Ce mode de résolution reste dominant dans les représentations des fictions cinématographiques ou des jeux vidéo, même si, dans les plus récents, une combattante féminine est quasi systématiquement ajoutée. **Les garçons internalisent très tôt les conduites violentes comme étant propres à leur identité sexuée.** Les projections conscientes ou inconscientes des parents sur leurs jeunes fils sont aussi nourries par ces représentations ancestrales. Si les parents doivent poser davantage de limites aux garçons, ils considèrent néanmoins comme attendus, voire normaux, leurs comportements agressifs.

Étant donné que la plupart des sociétés humaines ont été dominées par les hommes, le garçon croit que le pouvoir lui est dû ou qu'il a le droit de recourir à la violence pour s'en emparer. La violence reste aujourd'hui tellement associée au masculin – y compris, voire surtout, quand il s'agit de la condamner – qu'elle est l'un des principaux mécanismes compensatoires que le garçon a à sa disposition pour restaurer sa masculinité chaque fois qu'il sent sa personnalité menacée (en cas d'échec sentimental, d'échec scolaire ou professionnel, lorsqu'il remet en question son identité ou lorsqu'il passe par une phase de dépression) et chaque fois qu'il souhaite se prouver à lui-même ou aux autres qu'il est bien viril. Il condamne bien sûr cette violence, car il a assimilé les règles et les lois, mais quand il la laisse s'exprimer il ne sent pas se fragiliser son identité de mâle ; au contraire, elle en sort renforcée. Quand un président de la République insulte un passant qui refuse de lui serrer la main, un Premier ministre le défend en déclarant qu'il n'a eu là finalement que des propos virils. La virilité est confondue avec l'agressivité. On a vu que l'éducation, entre autres facteurs, enseigne aux garçons à retenir leurs émotions. Ce rapport à la virilité est plus marqué dans les pays méditerranéens. Si certaines émotions sont autorisées, voire valorisées chez les filles, elles sont réprimées chez le garçon, et en conséquence d'autres émotions vont prendre le relais, en particulier l'agressivité colérique.

À ces modèles ancestraux d'organisation de la société, supports d'imitation et d'identification, à l'influence hormonale, aux modes éducatifs et aux attentes parentales s'ajoutent d'autres facteurs liés à la construction psychoaffective du garçon. On a vu plus haut que s'opposer, se bagarrer peut aider le garçonnet à s'affirmer. Et c'est plus souvent la mère ou les représentants de sa parole qui en font les frais. Aux yeux du garçonnet, la mère est celle qui donne la vie et la maintient. Il comprend vite qu'il n'aura pas le pouvoir d'enfanter. Il va donc en choisir un autre qui complète, voire domine, à ses yeux, le pouvoir maternel : donner la mort ! Je fais l'hypothèse que combattre, pour le garçonnet, c'est souvent imaginairement donner la mort. En étant combatif, il se distingue, il s'individualise de sa mère. Il joue avec son arme en plastique, brandit son pistolet à laser. Ce faisant, il reste lié à elle, il part en guerre la fleur au fusil et le cœur amoureux, soit, dans un premier temps, contre elle (dans la phase d'opposition), soit, dans un second temps, contre ses rivaux réels (le conjoint, la fratrie) et imaginaires (ses pairs). Ce n'est pas un hasard si les vocabulaires amoureux et guerrier ont tant de mots en commun (feux de l'amour, conquête…).

L'éducation, en posant l'interdit dans le réel, est chargée de cantonner à l'imaginaire ce fantasme de tuer. Cependant, l'enfant sait que, dans la réalité, des meurtres sont commis. Il importe donc que l'éducation l'aide à se définir comme garçon autrement qu'en s'opposant. Être garçon, ce n'est pas uniquement ne pas être une maman, ne pas être une femme. **Aidons le garçon à se construire une masculinité positive. Sinon, il associera masculinité avec délinquance ou combat.** Les filles, aujourd'hui, pour se sentir pleinement femmes, veulent pouvoir tout faire comme les garçons ; les garçons, pour se sentir pleinement garçons, ont besoin de se sentir différents des filles. Pour prévenir cela, les parents éviteront de s'opposer entre eux et le père prendra une part active, le plus tôt possible, à l'éducation de ses enfants. Le garçon assimilera que les qualités présentes chez les femmes de la famille peuvent être siennes tout en devenant masculines à ses yeux. Les jeux de pistolet ou de sabre laser symbolisent aussi ses capacités projectives, à l'origine de son pouvoir d'ensemencement. Heureusement, l'enfant intègre la sexualité infantile à ses jeux. Ces pulsions projectives le poussent aussi à élaborer, à construire, à réparer.

Une forme particulière de violence est typiquement liée à la sexualité masculine : la pyromanie, propension à allumer des incendies sans autre but que la jouissance de l'acte[4]. Plus de 90 % des pyromanes sont des hommes. Les sources de cette conduite pathologique sont méconnues. Il s'agit sans doute d'une gratification sexuelle symbolique, les tests psychométriques mettant en évidence que les adolescents pyromanes confondent pulsions sexuelles et pulsions agressives.

Parmi les facteurs favorisant les comportements violents on sait que les substances psychoactives jouent un rôle non négligeable, comme l'alcool ou les drogues, dont les garçons, nous l'avons vu, sont les plus gros consommateurs. Mais la violence est aussi parfois le fruit d'angoisses. L'angoisse est autant présente chez les filles que chez les garçons, mais les moyens d'y faire face et de s'en soulager diffèrent d'un sexe à l'autre. Si, par exemple, la somatisation (trouble physique lié à un désordre psychique tel que les maux de ventre ou les maux de tête) est plus fréquente chez les adolescentes, les comportements agressifs physiques prédominent chez les garçons quand survient l'angoisse.

J'ai reçu en injonction de soins un adolescent qui avait mis le feu à son immeuble. Ce n'était pas sa première tentative. Aîné de quatre garçons, il rêvait de devenir pompier. Il avait reçu une éducation très rigide dans un milieu traditionnel où le père paraissait à ses yeux omnipotent et destructeur. En me penchant sur ses antécédents, j'ai pu établir qu'il souffrait d'une phobie d'impulsion, c'est-à-dire qu'il vivait dans la crainte de mettre le feu accidentellement. Aussi ce garçon doux et sage se tenait-il à l'écart de tout ce qui se rapportait de près ou de loin au feu (allumettes, briquets). En classe, il était un élève médiocre mais ne se faisait jamais remarquer, se montrant toujours discipliné. Le suivi mit en évidence qu'il était aussi fasciné par son père que soucieux de ne pas lui ressembler. Sa vision de la sexualité renvoyait à des images destructrices en lien sans doute avec ce qu'enfant il a cru percevoir de la sexualité de ses parents. Les signifiants communs entre l'amour ou la sexualité, d'une part, et le feu, d'autre part, ne manquent pas : ardeur, brûlure amoureuse, feu du désir, éclat, étincelle, consumation… Ses pulsions sexuelles refoulées se sont court-circuitées avec des pulsions pyrophiles venues les remplacer, pulsions plus acceptables pour sa construction œdipienne et son surmoi.

Le vécu dépressif, si fréquent à l'adolescence, est une autre cause de violence, laquelle permet à l'individu d'endosser un rôle actif face à un sentiment de passivité. Or, si les filles et les garçons sont sans doute autant touchés par le vécu dépressif, les garçons supporteraient moins bien le sentiment de passivité qui semble mettre en doute leur virilité. D'ailleurs, ils rechignaient davantage que les filles à faire appel à un psychothérapeute pour résoudre un mal-être psychologique.

L'adolescent se réfugie d'autant plus volontiers dans l'action violente qu'il ne parvient pas à s'exprimer par la parole. Plus on manque de mots, plus on leur substitue des actes. C'est déjà vrai chez le tout-petit, qui est plus agressif quand il a un retard de parole, car il est frustré de ne pas pouvoir s'exprimer. Or dans notre culture, l'adolescent est bien plus réticent à exprimer ses sentiments que l'adolescente. Son silence est fait de pudeur, de méfiance et traduit un besoin d'auto-protection.

Les conduites d'opposition de l'enfant devenu adolescent, qui expliquent certaines violences intrafamiliales, sont bien souvent la reviviscence de celles qu'il adoptait vers 2-3 ans. On a vu qu'elles étaient plus marquées chez le garçon, notamment quand la mère a seule, jour après jour, la responsabilité de son éducation. Les choses se répètent à l'adolescence, surtout si le père est absent, car s'y ajoutent des reviviscences œdipiennes. À l'heure de la puberté, l'adolescent doit mettre des paravents entre sa mère, son premier objet d'amour, et lui. Et ces paravents sont parfois érigés dans la violence.

Des causes sociologiques expliquent également que les jeunes soient de plus en plus violents. La crise économique et le chômage touchent autant les filles que les garçons, mais on a vu que les garçons sont plus nombreux que les filles à quitter le système scolaire sans diplôme. En outre, surtout dans les milieux défavorisés, l'absence d'identité professionnelle est plus mal vécue par les jeunes hommes. Le chômage des pères est, lui aussi, plus mal supporté par les adolescents que par les adolescentes. Quand ce sont exclusivement les femmes qui tiennent les cordons de la bourse, notamment grâce au système d'aide sociale, cela empêche l'adolescent de s'identifier à une image masculine fiable. Il arrive alors qu'il cherche à affirmer une masculinité martiale, pour tenter de restaurer sa virilité dans l'action violente, contre notamment des lieux de richesse (magasins de luxe dans les quartiers bourgeois). Les violences en bande, sous des allures de délinquance pure, sont parfois des violences de contestation d'un ordre établi, de modèles parentaux ou sociétaux. Elles prennent le relais des violences qui, autrefois, étaient motivées par des idéaux communs (violences politiques ou guerres nationalistes). Les mutations de la société contemporaine (baisse d'influence des religions, des mouvements idéologiques, disparition des mouvements d'encadrement de la jeunesse, éclatement des familles), qui certes ont eu beaucoup d'effets positifs, ont privé dans le même temps les jeunes de repères identitaires et de cadres susceptibles d'endiguer leur violence. À cela s'ajoutent la désidéalisation des élites (politiques destitués, sportifs dopés) et la violence télévisuelle. Rien ne permet d'affirmer que cette dernière atteint en majorité les garçons, mais elle exacerbe des dispositions à la violence qui, elles, prévalent indiscutablement chez l'adolescent de sexe masculin.

11

Les garçons à l'école du crime

Il semble que personne ne s'alarme, pas même, à ma connaissance, le ministère de l'Égalité des droits, du fait que la prison est un lieu où la parité n'existe pas. On lutte à juste titre contre la surreprésentation des hommes en politique ou dans les postes de direction des entreprises. Pourquoi ne pas le faire dans l'univers carcéral ? 96 % des personnes incarcérées sont des hommes. Et cela ne date pas du temps de l'inégalité entre les sexes, puisque la moitié de la population carcérale a moins de 30 ans. Ce sont donc les hommes qu'on enferme plus facilement. La loi serait-elle moins tolérante à l'égard des comportements masculins ? La violence masculine serait-elle moins tolérée que la violence féminine ? Elle est en tout cas beaucoup plus fréquente. Enseignerait-on moins bien aux garçons les règles et les lois ? Y a-t-il une attirance typiquement masculine pour ce type de lieu purement masculin, autrement codifié et hors du champ social commun ?

Quoi qu'il en soit, il apparaît que la délinquance telle que la définissent les Codes pénal et civil, de tout temps et en tous lieux, est avant tout une affaire d'hommes. Qu'elle s'accompagne ou non de violences, elle est principalement une affaire de jeunes gens. La moitié des délinquants infanto-juvéniles ont entre 15 et 17 ans. Ces cinquante dernières années, la délinquance des 13-18 ans a été multipliée par plus de six, s'inscrivant, il est vrai, dans le cadre d'une montée générale des actes délinquants dans la société. Passé l'âge de 18 ans, la fréquence des délits diminue nettement. À 25 ans, les jeunes adultes commettent quatre fois moins de délits que les adolescents de 16 ans. Heureusement, seule une infime minorité des adolescents sont des délinquants[1]. Mais il suffit de perpétrer un délit pour que statistiquement s'accroisse le risque d'en perpétrer un autre. La prévention est donc fondamentale.

Ce pourcentage stupéfiant d'hommes incarcérés n'est pas sans nous rappeler que les mauvaises conduites à l'école sont essentiellement imputables à des garçons, et peut-être faut-il y voir un lien de cause à effet. Une étude met en évidence que 4 800 sanctions scolaires sur 6 000 visent des garçons, soit 80 %[2]. Quand ces sanctions punissent des dégradations ou des violences sur autrui, la statistique monte à plus de 90 %. Or, quand on dénonce les violences de la société, on nie que prédominent les faits de délinquance masculine. En occultant la variable sexuée, beaucoup d'études évitent certes d'associer de façon consubstantielle violence et masculinité, mais par là même elles ne nous donnent pas les moyens d'adapter l'action à mener à la lutte contre cette vio-

> *J'ai reçu Romain alors qu'il attendait une décision de justice. Lycéen dans une banlieue chic des Hauts-de-Seine, bon élève, il avait participé à un jeu dans lequel l'un de ses camarades s'était vu ligoté. Auparavant, dans une autre affaire, il avait assisté à un règlement de comptes entre jeunes majeurs qui s'était soldé par un homicide accidentel. Il écopera dans cette nouvelle affaire de plusieurs mois d'incarcération dans un centre de détention pour mineur d'où il préparera son bac, qu'il obtiendra avec mention. Ce garçon ne présentait aucun désordre de la personnalité. Son enfance n'a été marquée par aucun trouble. Il a eu le temps et la possibilité d'intégrer correctement les interdits. Il n'a pas souffert de carence affective, quoique sa mère fût peu démonstrative. Il n'était pas dépendant à des substances psychoactives. Il semblait juste avoir traversé une zone de turbulence comportementale. Aujourd'hui jeune adulte équilibré, il est devenu conservateur de musée.*

lence. Comment étudier la violence sociale si l'on ignore qu'à l'origine s'y trouvent d'abord des hommes ? Ce mal leur étant presque spécifique, ne devrait-on pas adopter des actions de prévention de la délinquance qui cibleraient majoritairement les garçons ? Au même titre que le gouvernement français actuel agit pour aider spécifiquement les fillettes à s'affirmer davantage dans la société en imposant que dans les programmes scolaires soient mis en avant des modèles féminins, en interdisant les concours de mini-miss ou en mettant en place des programmes qui permettent aux filles de mieux réussir en mathématiques, ne devrait-il pas agir pour prévenir les comportements délictueux des garçons, toujours plus nombreux à peupler les prisons ? Si l'égalité des sexes doit être la règle, nous devons tous nous donner les moyens d'empêcher que les garçons remplissent les centrales de détention. Est-ce normal que ce soit désormais majoritairement des femmes, les juges, qui envoient en prison des délinquants majoritairement masculins ?

799 mineurs étaient incarcérés au 1er juillet 2013. 88 % d'entre eux étaient des garçons. Cette surreprésentation des hommes varie en fonction de l'importance et du type d'infractions. Mais quand on dénombre les cambriolages, les dégradations et les destructions de biens, les incendies volontaires, les outrages et les violences face aux personnes dépositaires de l'autorité publique, les détentions d'armes ou les atteintes aux mœurs, dans 92 à 97 % des cas les condamnés sont des hommes. Les femmes, quant à elles, préfèrent voler des cartes bancaires, falsifier des chèques, commettre des abus de confiance ou des escroqueries (quoique seulement 33 % des condamnations pour ces délits soient prononcées contre des femmes). En outre, quand un garçon agresse quelqu'un, dans 80 % des cas sa victime est un autre garçon (les statistiques portant sur le racket le prouvent [3]) ; les filles, quant à elles, agressent plutôt les filles.

À noter également que, depuis la fin du XXe siècle, les actes de délinquance commis par les mineurs sont de plus en plus graves, et les mineurs qui s'y livrent sont de plus en plus jeunes. Le nombre d'infractions commises par des mineurs âgés de 8 à 13 ans ne cesse d'augmenter, non seulement en valeur absolue, mais aussi en pourcentage des infractions commises par les mineurs. Les mineurs de cette tranche d'âge représentent aujourd'hui 12 % des personnes interpellées par la sécurité publique et 49 % des mineurs mis en cause [4]. Et plus les délinquants commencent jeunes, plus ils deviennent violents. J'en veux pour preuve que les trois quarts des moins de 12 ans qui ont commis un délit sont impliqués par la suite dans un acte grave. C'est un fait : la prison attire des hommes jeunes. Et en particulier des jeunes fragilisés, soit parce qu'ils n'ont aucune formation ni aucun diplôme, soit parce qu'ils souffrent de troubles psychologiques. En effet, 64 % des personnes incarcérées ne sont pas diplômées et 60 % n'exerçaient aucune activité professionnelle ou étudiante au moment de leur condamnation. Un tiers des détenus ont des difficultés à lire. Ils sont plus d'un tiers à avoir suivi une thérapie psychiatrique. 40 % d'entre eux présentent un risque suicidaire. Et, quand je dis que la prison « attire » les hommes, c'est parce qu'il n'est pas impossible que les délinquants, en particulier les récidivistes, poursuivent l'objectif inconscient d'être incarcérés. Bien sûr, ils n'avoueront jamais qu'ils ont transgressé la loi pour finir en prison. Mais qui peut nier que leurs transgressions leur procurent une certaine jouissance ? Qui peut nier qu'elles trompent l'ennui ? Ces garçons souvent passifs ou dépressifs pressentent qu'ils trouveront dans la délinquance une aventure émotionnellement chargée, excitante et dopante, voire valorisante aux yeux de leur entourage ou à leurs propres yeux. Ce qu'ils trouvent en prison, ce sont d'autres hommes, et ce des deux côtés des barreaux, ainsi qu'une identité masculine restaurée. Là, ils sont à l'abri de leurs propres pulsions, à leurs yeux sans doute plus dangereuses que ce qui les attend derrière les barreaux. Il n'est pas impossible en effet que certains jeunes cherchent en prison un lieu de protection, de restauration, de soins aussi, notamment psychiatriques, tant ils y sont généralisés, au point que la prison se transforme parfois en nouveau lieu d'hospitalisation sous contrainte. C'est ce qui m'incite à penser et à affirmer que des lieux ou des actions de prise en charge plus adaptés font défaut.

La délinquance et la violence juvénile s'expliquent par des causes sociologiques qui ont été abondamment décrites. On l'a vu, elles semblent davantage concerner les garçons. Mais aux facteurs sociaux s'ajoutent les facteurs familiaux, car leurs familles sont souvent désorganisées. La place du père y est plus vacante qu'ailleurs. On peut supposer que ces modèles défaillants font davantage le lit de la délinquance masculine. Le fait que les garçons sont moins bien insérés à l'école les fragilise d'autant plus. Ce qu'on appelait autrefois la bande, qui se définit autrement désormais (secteur ou collectif), est composé essentiellement de jeunes gens qui se sont retrouvés en situation d'échec scolaire. Le groupe remplace alors la famille, jugée défaillante, et se présente comme un lieu où l'homme trouve des occasions d'éprouver sa virilité (par l'excès, l'affrontement, la transgression, ou le délit). Les bandes se combattent pour défendre un secteur, un honneur, venger un ami ou conquérir une fille. L'esprit des combats chevaleresques n'est pas loin. L'imaginaire des garçons est nourri de films de guerre, de séries violentes, de *Heroic fantasy*, mais surtout de jeux vidéo. Tant que l'on ne se dotera pas de moyens efficaces pour lutter contre la délinquance des jeunes hommes, on sacrifiera les forces vives de cette jeunesse en mal de repères. Ce problème n'est rien de moins qu'une cause nationale.

12

CES GARÇONS QUI SE TUENT

La violence dont il vient d'être question, les jeunes la retournent parfois contre eux-mêmes. Si ce sont principalement les femmes qui tentent de se suicider (65 % des tentatives de suicide), les hommes, eux, représentent 75 % des décès par suicide, lequel est la première cause de mortalité chez les 25-34 ans, et la deuxième derrière les accidents de la circulation – qui, chez les 15-24 ans, s'apparentent parfois à des suicides. Heureusement, en vingt ans, le nombre des suicides a diminué, passant de 20 à 16 suicides pour 100 000 habitants. Mais il reste élevé chez les hommes : 25 décès par suicides pour 100 000 hommes, contre 7,8 pour 100 000 femmes. C'est chez les adolescents que le taux de suicides a le plus diminué – de 50 % en vingt-cinq ans. Les actions menées pour sensibiliser les parents, la mobilisation des pouvoirs publics et le travail des professionnels de l'enfance ont porté leurs fruits. Mais le nombre de morts reste évidemment trop élevé. On dénombre 1 000 décès par an [1].

Plusieurs facteurs peuvent conduire un jeune, quel que soit son sexe, à songer au suicide, par exemple un état dépressif ou des aléas de l'existence particulièrement douloureux dans la vie d'un adolescent : une mauvaise insertion sociale, des frustrations datant de l'enfance, des ruptures affectives, des dysfonctionnements familiaux anciens, la séparation très conflictuelle des deux parents, une agression sexuelle, des actes de maltraitance. Chez certains jeunes suicidés, on a souvent décelé un trouble psychologique plus ou moins grave, qui n'est certes pas seul en cause, mais qui est un facteur aggravant. Les adolescents souhaitant mettre fin à leurs jours n'ont pas tous la même personnalité. Une défaillance passagère au moment même où la crise d'adolescence est en passe d'être surmontée peut suffire à pousser l'adolescent au suicide. Il peut s'agir de moments très fugaces de désorganisation psychique.

Si, en moyenne, deux élèves par classe tentent de se suicider, les adolescents qui ne sont pas scolarisés sont deux fois plus nombreux à vouloir se donner la mort. L'école ou, pour les plus âgés, le travail protège du suicide. Cet attentat contre soi ne correspond pas toujours à un désir de mort. Mais, dans tous les cas, il témoigne d'un trouble de la relation à l'autre ou avec soi-même. Les adolescents qui ont tenté de se suicider exposent peu leur motivation. Les garçons moins encore que les filles. « Pour que ça s'arrête », « pour rejoindre mon père », « pour partir ailleurs », « pour lui faire comprendre »… La démarche est à la fois consciente et inconsciente. Consciemment, l'adolescent ressent le besoin de sortir d'une situation bloquée, de se soulager d'angoisses ou de tensions

Clément, 16 ans, est hospitalisé après une tentative de suicide par défenestration. Il a plusieurs fractures, mais il est vivant. Auparavant, il lui était arrivé de s'enivrer seul. Mais, selon son entourage, Clément n'était pas quelqu'un de fragile. Plusieurs jours durant, néanmoins, il a souffert. Lucie, qu'il avait connue six mois plus tôt, venait de rompre avec lui. À ce moment-là, rien n'indiquait qu'il envisageait de commettre l'irréparable, même s'il reconnaît rétrospectivement que l'idée du suicide lui a bel et bien traversé l'esprit. Il venait de recevoir un message sur son téléphone portable : « Arrête de me harceler. Tout est fini ! » « Alors, je ne sais pas ce qui m'a pris, dit-il, j'ai bu, j'étais comme noyé. Tout a bouillonné dans ma tête. J'avais envie de sortir de moi et je me suis précipité par la fenêtre. » Bon élève, apprécié de ses camarades, il pouvait pourtant compter sur le soutien de ses amis et de sa famille. Enfant choyé, enfant roi, il avait l'habitude d'obtenir tout ce qu'il voulait de ses parents, lesquels peinaient à lui dire non. On ne lui a jamais appris à se limiter. « Cette histoire, dira-t-il, aura été ma première claque. »

internes diverses liées par exemple à une dépression. Il veut la preuve que les autres tiennent à lui, qu'il tient aux autres. Ou, se sentant coupable, il souhaite ne plus infliger sa présence à ceux qu'il aime. Dans la plupart des cas, les adolescents appellent à l'aide ou déchargent contre eux-mêmes une agressivité rentrée. Inconsciemment, ils questionnent la mort, le sens et le bien-fondé de la vie, et se laissent déborder.

Pourquoi les garçons sont-ils plus nombreux à mourir ?

Ces dernières années, des chercheurs se sont penchés sur d'éventuels facteurs génétiques ou neurobiologiques associés au geste suicidaire [2]. Ceux-ci pourraient influencer certaines conduites suicidaires, parfois violentes et sans rapport avec des pathologies psychiatriques connues [3]. Une hypothèse pourrait expliquer que les hommes se suicident davantage : les œstrogènes protégeraient contre les tendances suicidaires [4]. Pourtant, les adolescentes sont plus nombreuses que les adolescents à reconnaître avoir eu des idées suicidaires. Elles font plus de tentatives que les garçons, nous l'avons dit, et récidivent également plus souvent. Mais, si le suicide est impulsif, les idées, par définition, ne précèdent pas toujours une tentative de suicide. Si les garçons meurent davantage du suicide, il ne faut pas en conclure qu'ils souffrent plus que les filles, mais de toute évidence leurs réactions à la souffrance intérieure diffèrent. Les filles et les garçons n'utilisent pas les mêmes moyens pour en finir avec leur souffrance.

Selon le pédopsychiatre Xavier Pommereau, les filles, quand elles vont mal, tendent à retourner leur violence contre elles-mêmes, raison pour laquelle elles commettent plus de tentatives de suicide, tandis que les garçons évacuent plutôt leur mal-être en l'extériorisant : aussi vont-ils entrer en conflit avec la police, les juges ou bien les éducateurs. Les filles, quant à elles, interpellent le corps médical. Comme lorsqu'elles adoptent des comportements à risques, les filles vont plus souvent porter atteinte à l'intériorité de leur corps. Elles prennent en effet une surdose de médicaments ou se taillent les veines. Les garçons attaquent plutôt leur corps de l'extérieur, par la pendaison, en sautant dans le vide ou en se jetant sous les roues d'un véhicule. Leurs tentatives de suicide sont perçues comme plus violentes. En somme, les garçons ne gèrent pas la souffrance intérieure et la frustration de la même manière que les filles, du moins à l'adolescence. Les méthodes des garçons apparaissent plus radicales que celles des filles, mais rien ne permet d'affirmer que leur envie d'en finir soit plus intense. Habituellement, l'adolescent porte atteinte à sa vie sans préparation. C'est le plus souvent chez lui un acte impulsif.

De surcroît, il convient de remarquer que les garçons acceptent moins bien la frustration et la discipline. Ils ont moins peur de violer la loi, de prendre des habitudes antisociales ainsi que des substances psychoactives (quoiqu'ils éprouvent moins l'envie d'essayer les médicaments psychotropes).

Pour Xavier Pommerau, la crise identitaire et la crise économique expliquent nombre de tentatives de suicide. Selon lui, 15 % des adolescents traversent une crise identitaire. Jamais auparavant les adolescents occidentaux, apparemment les plus touchés par le suicide, ne furent à ce point livrés à eux-mêmes et déresponsabilisés. Ils se sentent plus consommateurs qu'acteurs de leur propre vie. De ce fait, certains entendent parfois se reprendre en main par le suicide : ce geste leur semble une démarche active. Leur sentiment d'appartenance se réduit comme peau de chagrin. L'avenir leur est présenté comme sinistré. Les adultes, envieux ou inquiets, ne manquent pas de les angoisser, de les dévaloriser et de les infantiliser. On ne leur donne pour tout rêve que l'espoir de connaître un quart d'heure de célébrité. Les jeux vidéo leur tiennent lieu d'aventures. On l'a vu : les garçons sont conditionnés non seulement par un modèle traditionnel qui perdure, mais également par des représentations sociales de la masculinité et, à un moindre degré, par des facteurs hormonaux qui excitent en eux l'esprit de compétition et l'agressivité. On ne leur permet que trop rarement de cultiver l'expression des émotions, la rêverie. Ils ne savent pas demander de l'aide. Bon nombre de mécanismes de défense qui leur seraient utiles pour lutter contre les conflits internes et la frustration leur sont étrangers. Aussi préfèrent-ils les actes, si possible violents, ou obéir à une impulsion quelquefois autoagressive comme une tentative de suicide. Ils ont intériorisé le modèle traditionnel : un homme doit maîtriser ses émotions, faire preuve de persévérance, de force, de fierté et de stoïcisme ; un homme doit agir plutôt que verser dans l'introspection ; il doit tout faire pour éviter les conflits internes. Tels sont les préjugés qui brident les garçons et les retiennent de demander de l'aide quand ils en ont besoin. Et, même pour appeler au secours, ils ne menacent pas de se suicider : ils se suicident. À cet égard, les jeunes hommes sont plus nombreux que les jeunes femmes à considérer que le suicide est un geste acceptable. Tenter de se suicider ne leur apparaît pas comme une attitude dévirilisante, un acte de soumission face à des événements douloureux. Ils y voient plutôt une démarche active, un acte courageux, voire héroïque. Les kamikazes japonais ne sont-ils pas des modèles d'héroïsme ? Une étude récente[5] a montré que plus l'adolescent adhère au rôle masculin traditionnel, plus il risque de commettre une tentative de suicide. C'est que ce modèle ancestral compte pour rien le soutien social et l'état mental. Selon ses dogmes, un homme n'a pas à demander de l'aide. À défaut de mourir sur un champ de bataille, on meurt au combat contre soi dans une action d'éclat. En revanche, beaucoup de filles qui tentent de se suicider cherchent, semble-t-il, à s'endormir comme la Belle au bois dormant.

Bien sûr aussi de plus en plus de filles meurent par suicide d'une mort apparemment plus violente. Et des garçons peuvent se tailler les veines ou ingérer une surdose de médicaments. C'est la preuve, malheureusement morbide, qu'il existe des masculinités multiples. Mais, à l'heure des questionnements identitaires, elles se définissent toutes en référence à la masculinité traditionnelle[6], qui influence la manière dont les adolescents vivent les situations de malaise ou de frustration et leurs stratégies d'adaptation.

Enfin, n'oublions pas que la dépression masculine est souvent sous-diagnostiquée et sous-traitée, ce qui fausse le travail de prévention du suicide. D'ailleurs, beaucoup d'hommes se méfient des psychothérapies : pour eux, elles entrent en contradiction avec les exigences qu'impose le masculin traditionnel. L'alliance thérapeutique est plus difficile à obtenir. Quand ils ont franchi le pas et acceptent de suivre une psychothérapie, ils sont souvent moins assidus que ne le sont les femmes. C'est pourquoi un psychothérapeute doit adapter ses méthodes aux exigences masculines, en utilisant des images qui correspondent à l'univers masculin et en les orientant vers la recherche de solutions pratiques au moins autant que vers l'analyse des origines.

Suicide et homosexualité

Les jeunes hommes homosexuels sont surreprésentés dans les statistiques de suicide. En France, selon l'Institut de veille sanitaire, en 2007, un tiers des adolescents homosexuels de moins de 20 ans auraient fait au moins une tentative de suicide. En moyenne, les jeunes homosexuels tentent de se suicider de quatre à sept fois plus que les hétérosexuels. Pour les jeunes filles, ce risque est beaucoup moins accru (de 40 %). Tout se passe comme s'il était plus difficile pour les garçons de s'affranchir du modèle masculin traditionnel. Pour les sociologues Éric Verdier et Jean-Marie Firdion [7], c'est le malaise identitaire qui est en cause : les garçons homosexuels redoutent la réaction de leurs parents et l'homophobie sociale ambiante. Sur la question, les jeunes apparaissent globalement plus ouverts que leurs aînés (les lois évoluent, la parité porte ses fruits et les médias jouent un rôle positif

Samy a 18 ans. Depuis qu'il s'est découvert des désirs homosexuels, il craint tellement que son père, qui tient parfois des propos homophobes, ne l'apprenne qu'il en conçoit des idées suicidaires. Samy a toujours considéré son père comme son héros. Tous deux partagent une même passion pour le sport et pour les motos. Samy, sachant que son père serait déçu d'apprendre son penchant, vit son homosexualité comme une entrave à la représentation de sa masculinité. Il a donc tendance à enchérir dans les conduites à risque et se montre souvent d'humeur batailleuse. Ses aventures homosexuelles sont vécues dans la honte, il se méprise et méprise ses partenaires. Il n'envisage pas une relation de couple. Mais, récemment, ses sentiments l'ont rattrapé et il en a été le premier surpris. À Julien, un garçon à ses yeux unique, il s'est alors ouvert comme jamais. Un an plus tard, Julien rompt avec lui. La douleur de Samy est telle qu'il prend conscience qu'il était vraiment amoureux. Pour lui, c'est un électrochoc : il est bel et bien homosexuel. Ce jour-là, il a failli se tuer. Souffrant de multiples fractures, il a dû réapprendre à marcher et à s'accepter. Il vit aujourd'hui ailleurs et partage sa vie avec un autre garçon.

déterminant). Les jeunes homosexuels se sentent moins coupables que par le passé. Mais les manifestations contre le mariage pour tous ont révélé que l'homophobie restait une tare persistante de notre société. « Pédé » reste une injure. C'est en banlieue ou dans les zones rurales, où les jeunes homosexuels ne peuvent pas jouir de l'indifférence sociale et de l'anonymat des grandes métropoles, qu'ils semblent souffrir le plus de l'agressivité de leur entourage.

Le personnel éducatif et scolaire doit être davantage sensibilisé à ces questions et réagir aux moqueries malveillantes, aux violences et au harcèlement dont sont victimes ces adolescents. Lorsqu'elle est connue, l'homosexualité coupe l'adolescent de ses pairs. Elle le contraint à se définir à partir de sa sexualité. Or non seulement on ne saurait réduire quelqu'un à sa seule sexualité, à un seul aspect de sa personnalité, mais en outre cette sexualité est à cet âge parcellaire, car balbutiante. Quand les autres jeunes parlent de leur camarade homosexuel, c'est bien souvent par cette caractéristique qu'ils l'identifient. Face à l'homosexualité de leurs enfants, les parents réagissent moins mal qu'autrefois. Cependant, des attitudes de rejet restent une réalité éprouvante.

Les conseils du pédopsy

Même si elles ne conduisent pas toutes, tant s'en faut, à des tentatives de suicide, on doit prendre au sérieux toutes les idées suicidaires. C'est pourquoi on évitera à tout prix de banaliser les tentatives de suicide, si peu risquées qu'elles paraissent. En pareil cas, et même si l'adolescent s'est contenté d'avaler quelques comprimés d'aspirine, il est important de consulter un spécialiste.

Ne dramatisez pas pour autant la situation, car l'adolescent risquerait de se sentir coupable et votre angoisse risquerait d'alourdir la sienne, de l'empêcher de se confier à vous ultérieurement ou de lui donner un pouvoir sur vous. Cela risquerait aussi de lui « voler » sa plainte ou de renforcer des liens qui l'étouffent quand la tentative de suicide est parfois une tentative ratée d'émancipation.

Si vous êtes en train de réprimander votre adolescent et que celui-ci exprime des pensées suicidaires, changez de sujet de conversation et rappelez-lui que la mort est sans retour, que vous l'aimez et que vous connaissez ses qualités. Vous ne céderez toutefois pas sur le point qui méritait réprimande, mais vous saisirez l'occasion de lui proposer de parler de ses états d'âme ou de consulter un spécialiste.

Cette consultation mettra au jour les difficultés ou les problèmes que rencontre votre adolescent (est-il harcelé à l'école ? vit-il mal une rupture amoureuse ou amicale ? a-t-il subi une agression sexuelle ? souffre-t-il du divorce de ses parents ?).

Si vous vous apercevez que votre adolescent adopte une conduite antisociale, s'il souffre d'une dépendance quelconque, s'il se retrouve en situation d'échec scolaire et si, de surcroît, il est triste, insomniaque et amaigri, une consultation urgente s'impose.

Ces comportements destructeurs qui menacent les garçons comme leur entourage ne doivent pas laisser croire qu'ils sont le résultat d'un débordement de puissance corporelle. Car, contrairement aux croyances populaires qui pensent le corps des garçons plus solide, c'est également au niveau du corps que réside leur faiblesse relative. Tout se passe comme si, dès la naissance, les garçons présentaient globalement un handicap constitutionnel. Et, en effet, nous allons voir qu'au niveau de sa constitution le garçon a plus d'un talon d'Achille.

III

PETITE NATURE

13

L'HOMME EN DANGER

Naissance à risque

Le premier danger pour un garçon vient à la naissance. À un âge où les filles et les garçons connaissent des conditions de vie assez similaires, ils ont des vulnérabilités biologiques très différentes. Les nouveau-nés de sexe masculin ont moins de chance de survivre que ceux du sexe féminin. Le différentiel de mortalité entre un nouveau-né garçon et un nouveau-né fille était encore beaucoup plus élevé autrefois qu'aujourd'hui. Les progrès médicaux, les césariennes, les unités de soins intensifs destinées aux prématurés, notamment, ont permis de réduire considérablement la mortalité infantile, et donc celle des garçons. Cependant, si le nombre de nourrissons décédés a été considérablement réduit en valeur absolue, les garçons, proportionnellement, meurent toujours davantage. La mort subite du nourrisson – qui concerne des enfants âgés de 1 mois à 1 an et apparemment en bonne santé – est presque deux fois plus fréquente chez le garçon que chez la fille.

> *Le 7 novembre 2011, une Allemande a accouché d'un bébé après seulement 21 semaines et 5 jours de grossesse. Elle égalisait ainsi le record de 1987 de la naissance la plus prématurée du monde. La petite Frieda ne pesait que 460 grammes, mais quand elle quitta la clinique cinq mois plus tard elle pesait 3,5 kg. On peut parler de ce cas comme d'un miracle, car les chances de survie d'un nourrisson né avant 22 semaines étaient considérées comme nulles par les néonatalogistes. D'ailleurs, son frère jumeau, Kilian, est décédé quelques jours après leur naissance.*

En dehors des décès, les garçons sont surreprésentés parmi les nouveau-nés en difficulté. Ils représentent 60 % des prématurés. Ils sont donc plus nombreux à avoir des problèmes de santé, lesquels sont fréquemment corrélés à la prématurité, tel le syndrome de détresse respiratoire du nouveau-né [1]. L'accouchement reste aussi un moment plus périlleux pour eux, sans doute parce qu'ils sont plus grands et plus lourds. Dans les pays occidentaux, on compte 20 % de césariennes en plus pour les garçons. **Il existe ainsi, avant la naissance, une vulnérabilité biologique, une fragilité plus importante des nouveau-nés garçons que les soins médicaux ne parviennent pas à effacer totalement.** Il est possible que le nombre plus important de garçons à la naissance soit une façon pour l'espèce humaine de s'adapter à cette inégalité.

Cette surmortalité précoce chez les garçons continue de se vérifier avec l'âge. En France, bien que l'écart se resserre ces dernières années – parce que nous vivons un temps de paix et parce que les femmes

Enzo était mon premier enfant. Sa naissance m'a rendu tellement heureuse ! C'était un beau bébé de 3,8 kg. Il a fait ses nuits au bout de sept semaines. Le soir de l'anniversaire de mon mari, Enzo a alors deux mois et demi, on se fait livrer à dîner. Enzo reste éveillé et je le couche dans sa chambre vers minuit. Il me réveille vers 6 heures le lendemain. Je le câline en lui disant que je l'aime. Il se rendort. Moi aussi. Il est presque 10 heures, dimanche matin, lorsque je me réveille en sursaut. Mon mari dort encore. Surprise de ne pas avoir entendu notre enfant pleurer, je vais dans sa chambre. Il semble dormir. Mais je n'entends pas sa respiration. Je me penche, le touche, son corps n'est plus chaud. J'allume, son visage est bleu. Je hurle. Mon mari me rejoint et appelle le Samu. Mais il est trop tard. Enzo est mort. L'autopsie confirme qu'il était en pleine santé. Le cœur s'est arrêté. C'est une mort subite sans cause décelée.

sont victimes de nouveaux facteurs de risque, comme le tabac –, les hommes vivent toujours moins longtemps que les femmes. En moyenne, les garçons nés en 2012 peuvent espérer vivre 78,4 ans, contre 84,8 ans pour les filles nées la même année, soit presque sept ans de plus ! Des causes génétiques peuvent expliquer cet écart, mais il est aussi fonction des conditions et de la durée du travail, des modes de vie (les hommes prennent plus de risques, consomment plus d'alcool) et de l'accès aux soins, les hommes étant moins attentifs à leur santé.

La prématurité plus fréquente des garçons et leur santé plus fragile expliquent que, physiologiquement, un garçon est considéré comme aussi viable qu'une fille à l'âge de cinq semaines, pas avant ! On observe aussi que les filles marchent et parlent plus tôt que les garçons.

Spermatozoïdes en berne

Plus fragiles que les femmes devant la mort, les hommes sont aussi de moins en moins performants pour donner la vie. En effet, la qualité du sperme, en France notamment, décline d'année en année, c'est-à-dire que la concentration en spermatozoïdes féconds se réduit dangereusement puisqu'elle aurait encore diminué d'un tiers ces quinze dernières années, selon l'Institut de veille sanitaire [2]. Pis encore, cette baisse est également qualitative puisque le taux de spermatozoïdes normaux ou bien formés a aussi diminué d'un tiers au cours de la même période. Pourtant, les donneurs sur lesquels reposent ces études sont sélectionnés sur leur vie saine ! En cause, les perturbateurs endocriniens, qu'ils soient issus de l'industrie chimique (on les retrouve dans les produits de grande consommation), de l'industrie pharmaceutique (dans les eaux d'épuration), de l'industrie agroalimentaire (dans les pesticides) ou d'origine électromagnétique (dans les téléphones et les lignes à haute tension). Cette baisse de la fertilité est compensée par les procréations médicalement assistées, qui vont croissant, et aboutit parfois à la nécessité de faire appel au don de sperme, ce qui n'est pas sans incidence sur la place qui doit être réservée au père dans notre société.

Plus fragiles pour passer le cap de la naissance, les garçons sont aussi victimes de leur chromosome Y, celui qui induit la masculinité de l'embryon durant sa formation intra-utérine. Aujourd'hui considéré comme dégénérescent, il est en outre à l'origine de nombreuses maladies.

14

Des gènes très gênants

Rappelons, pour ceux qui auraient oublié leurs cours de sciences de la vie et de la Terre (ou de sciences naturelles, comme on disait autrefois), que chaque cellule du corps humain possède vingt-deux paires de chromosomes et une paire de chromosomes dits sexuels, soit un total de vingt-trois paires. Les chromosomes sont constitués de gènes qui sont des séquences d'ADN, que l'on peut voir comme autant de logiciels de construction et de fonctionnement du corps humain. Au contraire de tous les autres, les chromosomes sexuels diffèrent selon qu'on est un homme ou une femme.

La femme possède dans chaque cellule deux chromosomes X, qui sont homologues. Les hommes possèdent un chromosome X et un chromosome Y. X et Y ne sont homologues que sur une toute petite partie. Pour le reste, ils diffèrent, ce qui explique les différences physiques entre l'homme et la femme. Des altérations sur les différents chromosomes, sexuels ou non, entraînent diverses pathologies. Par exemple, une anomalie du chromosome 14 entraîne un retard mental et une boîte crânienne plus réduite. Certaines de ses anomalies peuvent être accidentelles ou héréditaires. Elles touchent alors autant les hommes que les femmes. En revanche, quand les anomalies touchent les chromosomes sexuels, hommes et femmes ne sont pas atteints de façon équivalente, puisque les femmes ont deux chromosomes X, et les hommes un X et un Y. Les anomalies du chromosome Y, heureusement rares, concernent donc exclusivement les hommes. Elles causent essentiellement des problèmes de stérilité ou altèrent les organes génitaux. Celles qui touchent le chromosome X sont plus fréquentes et entraînent des maladies héréditaires dites dominantes, c'est-à-dire qu'il suffit qu'un seul chromosome X soit atteint pour que la maladie se déclare. Elles peuvent en conséquence toucher aussi bien les garçons que les filles. En revanche, les filles sont moins souvent victimes des maladies héréditaires dites récessives, car il est rare que les deux chromosomes X (l'un venant du père et l'autre de la mère) en soient porteurs. Le second chromosome X, généralement non porteur, compense la lésion présente. Les femmes, si elles peuvent transmettre telle ou telle tare héréditaire, ne sont pas ou peu touchées par ces anomalies, contrairement aux hommes, pour la simple raison qu'ils n'ont qu'un seul chromosome X par cellule. Chez eux, toute mutation du chromosome X altère obligatoirement la fonction du gène atteint. Cette altération ne peut pas être compensée par un gène correspondant d'un autre chromosome X. C'est la raison pour laquelle la forme principale d'hémophilie, qui touche 5 000 individus en France, atteint majoritairement des garçons. En dehors de l'hémophilie, les maladies récessives liées au chromosome X sont très nombreuses. Citons la myopathie de Duché, l'albinisme, le syndrome de Menkes, les rétinites pigmentaires, le syndrome de l'X fragile, des hypogonadismes, autant de maladies gravissimes pour lesquelles il n'y a pas de traitement curatif et qui vont donc atteindre essentiellement les garçons.

D'autres pathologies, non liées au chromosome X ou Y, mais que peuvent expliquer une cause génétique, tout du moins partielle, touchent majoritairement les garçons. L'épilepsie, sous toutes ses formes, apparaît plus fréquente chez l'homme. Citons également les retards mentaux, l'hyperactivité avec déficit de l'attention, le syndrome d'Asperger ou l'autisme. Quel que soit le type d'autisme, ce sont les garçons qui en sont principalement victimes. Mais dans certaines formes d'autisme, dit à haut potentiel, ils sont jusqu'à six fois plus touchés que les filles. Ces autistes-là ne souffrent pas de déficit ni de lésions neurologiques associées et ont un fonctionnement intellectuel très performant dans certains domaines. Selon une étude de l'*American Journal of Human Genetics*, les filles seraient pourtant aussi sensibles, sinon plus, que les garçons aux atteintes génétiques à l'origine d'un syndrome autistique à haut potentiel. L'origine n'est donc pas liée aux chromosomes X ou Y. En revanche, à atteinte génétique similaire, le résultat clinique (autrement dit, l'expression de la maladie) dépend nettement du sexe du malade. Aussi, force est de

> *Thomas, 11 ans, est venu me consulter parce qu'il souffre par épisodes et depuis plus d'un an de maux d'estomac. Il en avait déjà eu précédemment, mais ils sont plus fréquents depuis qu'il est entré au collège. Après un examen physique, tout s'est révélé normal. Différents examens complémentaires (fibroscopie, notamment) n'ont mis en évidence aucune lésion. Mais Thomas, comme sa mère, est très anxieux. Elle-même, quand elle est stressée, est sujette à des maux de ventre. Or Thomas est perfectionniste : ses résultats scolaires lui importent beaucoup. Ses maux de ventre pourraient être psychosomatiques. Thomas m'apparaît en effet anxieux, mais pas plus que la moyenne des enfants de son âge. En outre, il verbalise très bien ses inquiétudes. Trop bien pour avoir besoin de les « somatiser ». Ses mots sont précis et il repère bien les circonstances dans lesquelles ses maux se déclenchent. Dans son histoire personnelle, rien ne permet de détecter des problèmes sous-jacents. Je demande qu'il passe un électroencéphalogramme au moment d'une crise. C'est un examen indolore qui mesure l'électricité cérébrale. Les résultats mettent en évidence une épilepsie. Il s'agit de crise partielle simple qui ne concerne qu'une zone précise du cerveau. Ici, la zone qui gère le système végétatif digestif. La douleur au niveau de l'estomac est ressentie par la zone du cerveau qui est censée recevoir le message de l'estomac. Ici aucun message douloureux n'est envoyé par l'estomac, qui va bien, mais la zone cérébrale « disjoncte ». C'est une fausse alerte que le cerveau enregistre. Le traitement est donc neurologique : Thomas va devoir prendre un médicament antiépileptique. Sa maladie, probablement, passera avec l'adolescence.*

constater que, pour une altération génétique équivalente, le cerveau des filles va mieux compenser les conséquences de ces altérations qui favorisent l'expression autistique. **Tout se passe comme si le cerveau des filles résistait mieux aux atteintes génétiques ou comme si l'environnement les aidait davantage, par une éducation spécifique, à ne pas exprimer ou à compenser l'expression génétique délétère de leurs gènes.** Car, en génétique, le gène ne fait pas tout. L'environnement joue aussi un rôle. On parle d'épigénétisme quand l'expressivité des gènes dépend également de facteurs externes. En cause : l'alimentation, le climat, les pathologies associées, mais aussi l'éducation et les influences psychologiques [1].

Les derniers jours du chromosome Y ?

Mais revenons à notre chromosome Y, dont la question de la survie est encore l'un des mystères de la génétique moderne. Apparu, comme le chromosome X, il y a 300 millions d'années chez les reptiles, il a depuis perdu les deux tiers de sa taille et serait appelé à disparaître. Car, ayant ceci de particulier qu'il s'autorépare (car il n'a pas d'homologue), contrairement aux autres chromosomes (qui peuvent compter sur leur homologue), et notamment au chromosome X, il est susceptible, ce faisant, de causer des anomalies graves qui, à long terme (on parle de quatre ou peut-être de cinq millions d'années), pourraient lui être fatales. En 300 millions d'années, ces autoréparations successives l'ont fait rétrécir. Alors que le chromosome X possède environ deux mille gènes, le chromosome Y n'en a plus qu'une vingtaine. Heureusement, il a conservé le gène SRY, qui commande la fabrication des testicules et des spermatozoïdes. Mais jusqu'à quand ? Le mâle campagnol taupe d'Arménie n'a pas eu autant de chance. Ce mammifère a perdu son Y et son gène SRY ; mâle et femelle sont devenus XO ; et, chez le mâle, c'est un autre gène, sur un autre chromosome, qui a dû prendre la relève de SRY.

Une étude de 2013, menée par une équipe de chercheurs de l'université de Hawaï, montre que, dans la reproduction, la place du chromosome Y et par extension celle des hommes ne cesse de se réduire[2]. L'équipe du professeur Monika Ward, de l'Institut de recherche en biogénétique de Honolulu, a réussi à faire naître des souriceaux, mammifères comme nous, en sélectionnant un chromosome Y ne conservant que deux gènes sur les quatorze qu'il compte chez cette souris mâle : celui qui dirige la fabrication de protéines déterminant la fabrication des testicules et celui qui assure la production de spermatogonies (cellules à l'origine des spermatozoïdes). Ces souris sont en conséquence devenues stériles. Toutefois, si l'on les injecte mécaniquement dans des ovocytes, leurs spermatogonies permettent d'obtenir des grossesses et des souriceaux aptes à procréer naturellement. Le rôle de l'homme dans la procréation pourrait dès lors, si ces expériences étaient extrapolées aux humains, se résumer à deux gènes susceptibles d'être produits d'une manière différente que par le chromosome Y. En 1995, une expérience similaire, dans l'espèce humaine cette fois, avait été réalisée par trois biologistes de la reproduction à l'Hôpital américain de Neuilly-sur-

Seine[3]. Ce sont alors les spermatides d'un homme stérile (qui ne fabriquaient pas de spermatozoïdes matures) qui avaient permis d'obtenir une naissance normale.

Deux études parues dans la revue *Nature* en avril 2014 montrent que les quelques gènes qui persistent sur le chromosome Y ne se contentent pas de coder la fabrication de ses caractères sexuels[4]. Ils assurent la survie de son organisme tout au long de son existence. En fait, il semble que le chromosome Y des mammifères et de l'homme en particulier se soit concentré sur l'essentiel en ne gardant que les gènes vitaux. Il n'y a donc pas de raison de penser qu'au cours des années à venir ceux-ci disparaîtront comme les deux mille autres. « Y » a encore de beaux jours devant lui.

Qu'en est-il en revanche de la testostérone, l'hormone masculine de référence, aussi néanderthalienne que le chromosome Y ? Après avoir fait la force de l'homme, la testostérone commence à lui causer des torts. Et, la société évoluant, la testostérone est-elle de plus en plus gênante ?

L'avenir de l'hormone mâle

Le taux de testostérone de l'homme contemporain serait nettement inférieur à celui de ses ancêtres préhistoriques. Cette baisse expliquerait d'ailleurs la naissance de la civilisation : une étude menée par l'université de l'Utah, publiée en août 2014, établit un parallèle entre l'apparition des premiers outils avancés (il y a 50 000 ans) et la baisse de la concentration en testostérone de l'homme moderne, débutée 150 000 ans plus tôt[5]. Cette baisse aurait amélioré les rapports sociaux non seulement en diminuant la violence, mais aussi en favorisant la coopération et les réalisations artisanales et artistiques, puisqu'elle allait de pair avec davantage d'habileté, de sensibilité et de créativité. L'étude a porté sur l'évolution de 1 400 crânes de différentes régions : à mesure que le taux de testostérone diminuait, le visage s'arrondissait, les arcades sourcilières devenaient moins marquées.

Mais on peut penser à l'inverse que les regroupements ont induit une meilleure coopération, un apaisement des conflits entre les hommes, une plus grande créativité et, au bout du compte, une baisse des taux de testostérone. Au demeurant, on verra plus loin que la testostérone est secrétée en moindre quantité chez les hommes qui se montrent particulièrement paternels avec leurs enfants. Le nombre de nouveaux pères allant croissant, on peut légitimement se demander si elle ne va pas finir par disparaître. Mais que les amateurs de poils se rassurent, ce n'est pas non plus pour demain. Et l'on peut encore dire, en s'autorisant un raccourci, que la testostérone fait l'homme ! Car, sans son intervention, tous les embryons évolueraient en filles. La sécrétion de testostérone dès les premières semaines de grossesse permet en effet les transformations anatomiques du fœtus, qui sont à l'origine du corps masculin. Lors des premières semaines de son existence, le nouveau-né sécrétera également de la testostérone, laquelle imprégnera à nouveau son corps et son cerveau. Et, au moment de la puberté, bien entendu, la sécrétion de testostérone dans les testicules se fera en continu jusqu'à la mort. Toutefois, l'homme n'a pas l'exclusivité de la sécrétion de testostérone. La femme en fabrique aussi, mais cinquante fois moins. Car, en dehors des testicules (95 % du total), seules les glandes surrénales et les ovaires en fabriquent un peu [6].

On connaît l'effet de la testostérone sur la transformation corporelle du garçon nubile. Elle explique que les hommes soient en moyenne plus poilus, plus grands, plus musclés et qu'ils aient la voix plus grave que les femmes. Mais attention : la virilité s'exprime aussi par d'autres signes, qui eux-mêmes dépendent d'autres facteurs, notamment génétiques. Plus ou moins présents chez chacun, ils n'empêchent pas les hommes d'être plus ou moins virils. On ne peut donc pas conclure qu'un homme au torse glabre, par exemple, a moins de testostérone, mais simplement que sa peau contient peu de follicules pileux ou qu'elle est peu sensible à l'imprégnation hormonale.

La testostérone explique, pour une grande part, que les hommes aient longtemps dominé les femmes. Elle leur accordait en effet plus de puissance physique : les hommes sont en moyenne plus grands et plus musclés que les femmes. Mais cette « arme », hier très utile, apparaît quelque peu désuète de nos jours. Les hommes de pouvoir ne sont pas forcément ni les plus grands ni les plus forts. En outre, les femmes ne perçoivent plus aujourd'hui les signes extérieurs traditionnellement associés à un taux de testostérone élevé comme un facteur majeur d'attirance physique (si tant est qu'ils le furent jamais). Certaines études mettent en évidence que, si les femmes hétérosexuelles qualifient de masculins les hommes ayant des concentrations élevées de testostérone, ceux-ci ne sont pas pour autant désignés comme les plus attirants [7].

La testostérone n'agit pas uniquement sur l'apparence physique. Le cerveau est également sous son influence. Or, si les développements physiques qu'elle induit sont bien connus, certaines compétences mentales dépendent aussi d'elle, ce qui est moins su. Dans les domaines intellectuels et émotionnels, on lui attribue la plupart des différences statistiques observées entre les hommes et les femmes, comme si les hormones féminines n'intervenaient pas ! Elle sert d'explication aux théories abondamment diffusées selon lesquelles il existerait un cerveau d'homme et un cerveau de femme. Jusqu'au XIXe siècle, les caractères féminins et masculins s'expliquaient par les « humeurs » : les femmes étaient froides et humides, quand les hommes étaient chauds et secs, ce qui rendait ces derniers plus performants que les femmes dans certains domaines, notamment dans l'exercice du pouvoir et dans la conduite de la guerre. Notons que l'utérus, qui, se déplaçant dans le corps à sa guise, pouvait générer des troubles divers, était perçu comme un véritable handicap. Par la suite, cette théorie d'Hippocrate a été reléguée aux oubliettes de l'histoire de la médecine : au XIXe siècle, on pensait que la taille du cerveau expliquait l'infériorité des femmes.

Au XXe siècle, les hormones expliquèrent que les hommes venaient de Mars et les femmes de Vénus. Aujourd'hui, ce n'est plus la théorie des hormones qui a le vent en poupe, mais le cerveau lui-même, non plus sa taille, mais son contenu : il y aurait un cerveau masculin et un cerveau féminin. De nombreuses études émanant de chercheurs en neurobiologie ont mis en évidence des différences anatomiques et fonctionnelles entre les deux. Ces différences ne sont sans doute pas toutes répertoriées et leurs origines sont à l'étude. Mais les imprégnations en testostérone *in utero* et à la naissance sont volontiers citées comme facteurs causaux. Les origines génétiques sont aussi largement mentionnées.

Les variations observées concernent différentes facultés mentales : le langage, la vision, la mémoire, le repérage dans l'espace, le fonctionnement intellectuel et le champ des émotions. Elles induiraient des façons de penser et de se conduire différentes. Ces variations neurobiologiques expliqueraient aussi des différences (dans le *sex ratio*[8] comme dans les formes cliniques[9]) dans certaines pathologies mentales telles que la schizophrénie, les états dépressifs, les conduites addictives, les états de stress.

Liées ou non à la testostérone, les différences entre le cerveau masculin et le cerveau féminin fascinent. Elles ont nourri, ces dernières années, bon nombre de publications scientifiques, mais on les retrouve aussi dans la littérature grand public. Voici quelques-unes des différences observées.

Une cervelle vaut-elle deux cerveaux ?

La testostérone favorise la compétition sociale et les comportements de prédominance. Or l'esprit de compétition et celui de domination sont des facteurs de réussite, que l'éducation peut évidemment développer chez la femme. Si la testostérone favorise la compétitivité, elle peut également, en l'absence d'une éducation spécifique adaptée aux garçons (qui les aiderait à se défouler et à se maîtriser émotionnellement), favoriser l'intolérance à la frustration, l'impulsivité, l'agressivité, la colère, les comportements à risques, ainsi que le manque d'empathie, autant de handicaps qui, aujourd'hui, freinent les hommes dans la course à la réussite sociale et au leadership. Dorénavant, les caractéristiques de la testostérone agissent négativement sur les comportements des garçons et leurs apprentissages à l'école. Elles expliqueraient en partie que les jeunes gens soient deux fois plus nombreux que les jeunes filles à se montrer indisciplinés en classe, à adopter des conduites dangereuses et des comportements violents. Sans compter que, dans un contexte défavorable, la testostérone contribuerait à accroître l'envie de fumer et de boire de l'alcool, aggravant d'autant l'impulsivité et les comportements à risques.

La testostérone rendrait les pères moins paternels envers leur progéniture ; ou, plus précisément, les hommes avec un bas niveau de testostérone seraient plus fidèles, divorceraient moins et se montreraient plus doux et plus attentifs avec leurs enfants. Une étude récente menée par des anthropologues américains a établi un lien entre la taille des testicules (qui serait proportionnelle au taux de testostérone sécrétée) et l'engagement des pères auprès de leur enfant [10]. Pour mesurer cet engagement, des pères et des mères ont répondu à un certain nombre de questions : à quelle fréquence le père change-t-il les couches de bébé ? À quelle fréquence se charge-t-il de lui donner à manger ? de lui donner le bain ? À quelle fréquence s'occupe-t-il de lui quand il est malade ? Combien de fois l'amène-t-il chez le médecin ? Il est apparu que les hommes dont les testicules étaient les plus petits se montraient plus attentifs à leurs enfants en bas âge et plus engagés dans leurs soins que ceux qui en avaient de plus gros. Relativisons d'emblée les résultats de cette étude : là aussi, n'est-ce pas inversement parce qu'il s'engage dans le « paternage » que le père sécrète moins de testostérone ? Le fait d'avoir de petits testicules changera-t-il l'image que l'homme a de sa virilité ? De surcroît, le faible nombre de sujets étudiés (70) nécessite quelques études complémentaires.

Les hommes seraient moins à l'aise dans l'expression verbale comme dans le langage corporel. Sans doute parce qu'ils doivent davantage se maîtriser émotionnellement étant donné leur impulsivité naturelle (laquelle est liée, on l'a vu, à la testostérone). Ils vont donc également contrôler davantage leurs expressions verbale et corporelle, potentiellement porteuses d'agressivité ou trop révélatrices d'éventuelles fragilités.

Il est de fait que les hommes ont en moyenne une plus grande capacité à se repérer dans l'espace, captent mieux visuellement les mouvements, ont de meilleurs réflexes et une plus forte capacité d'analyse des schémas et des systèmes [11].

Si les femmes sont meilleures en calcul mathématique, les hommes bénéficient d'une meilleure réflexion mathématique pour résoudre des problèmes qui requièrent un raisonnement abstrait. Malheureusement pour eux, ils sont en revanche moins attentifs et retiennent plus difficilement les mots ou les visages. Leurs capacités de cognition sociale seraient également moindres [12]. Ce qui peut expliquer les handicaps pénalisant les garçonnets, notamment durant leur scolarité. Chez l'homme, on observe des connexions plus importantes au sein d'un même hémisphère cérébral, qui permettent une vitesse de traitement des informations accrue lors de tâches associant la perception à l'action (d'où de meilleurs réflexes). Chez les femmes, c'est entre les deux hémisphères que les connexions sont les plus importantes, ce qui permettrait une meilleure intuition, une meilleure intégration du raisonnement et une meilleure intelligence émotionnelle. Les hommes percevraient donc les choses d'une manière plus décomposée, rationnelle et analytique. Voilà pourquoi les femmes peuvent effectuer plusieurs choses en même temps, alors que les hommes se spécialisent davantage.

L'empathie apparaît moins développée chez les hommes que chez les femmes. Cette qualité permet de repérer les émotions chez autrui, de lire les sentiments à partir des signaux non verbaux de l'interlocuteur, de comprendre ce que l'autre ressent, ses besoins, ses motivations, ses intentions. C'est une qualité essentielle pour l'intelligence sociale et pour générer des relations harmonieuses. Là encore, la testostérone est accusée. Des chercheurs américains [13] ont montré que la testostérone administrée pour expérience à des jeunes femmes occasionnait chez elles une dégradation de leur degré d'empathie. Ce défaut d'empathie à un niveau important s'observe chez les personnalités obsessionnelles (les gens dits maniaques, ordonnés, psychorigides, qui semblent plus attachés aux choses qu'aux êtres). Or ce trait de personnalité est classiquement majoritaire chez les hommes. Il s'observe aussi à l'extrême chez les personnes atteintes de la maladie d'Asperger ou chez les autistes, lesquels, on l'a vu pour ce qui est des autismes purs, sont majoritairement des garçons. L'ocytocine – le neuromédiateur favorisant l'attachement et l'empathie, notamment secrété en abondance par une jeune mère – est expérimentée actuellement dans le traitement de l'autisme avec des résultats encourageants. Or l'empathie est considérée aujourd'hui comme une qualité essentielle pour l'intégration et la réussite sociale.

L'introspection et la capacité de rêverie seraient aussi des compétences plus féminines, qui ne sont pas sans liens avec la réussite puisqu'elles favorisent la créativité et l'amélioration des comportements par autoanalyse. Pour s'en assurer, des volontaires ont été isolés pendant cinq à quinze minutes dans une pièce où on les a invités à réfléchir [14]. La sieste minute, la lecture ou les portables n'étaient pas autorisés. Beaucoup ont trouvé pénible ce temps de réflexion. Comme il leur était possible de recevoir une décharge électrique en appuyant sur un bouton (celle-ci était légère mais désagréable), plusieurs personnes s'en administrèrent une à différentes reprises, préférant s'occuper ainsi l'esprit plutôt que d'avoir à penser ou à rêvasser. Or il y eut trois fois plus d'hommes que de femmes à appuyer sur le bouton. Mais, si les femmes ont une meilleure capacité d'introspection, elles sont aussi plus enclines à ressasser leurs inquiétudes (ce qui leur permet aussi de trouver des solutions), tandis que les hommes inquiets vont s'engager dans une activité pour les refouler ou se focaliser sur un autre sujet de préoccupation.

Si les femmes apparaissent plus sensibles à autrui, elles seraient aussi plus sensorielles. En effet, les neurosciences mettent en évidence [15] que l'ouïe, l'odorat et la finesse du toucher seraient moins performants chez les hommes [16]. Quant à la vision, celle des hommes serait plus restreinte, mais elle serait de nature à leur permettre de mieux se focaliser sur les détails. Celle des femmes serait plus large. Les hommes verraient moins les nuances et les couleurs. Pourtant, les hommes privilégieraient la vision, quand les femmes, elles, privilégieraient l'ouïe, et donc la communication verbale. Cette donnée est intéressante pour qui appelle de ses vœux l'instauration d'une pédagogie différenciée en fonction du sexe. Enfin, les nourrissons filles fixeraient plus longtemps les visages, tandis que les garçons seraient plus attirés par le mouvement.

Colin a 5 ans. Il arrive en trombe dans le cabinet et se précipite sur les jouets en criant. Sa mère porte la fatigue sur son doux visage. Elle me raconte d'une voix monocorde, interrompue régulièrement par son fils, combien celui-ci est difficile à la maison. Et depuis toujours. « Un vrai garçon, me dit-elle. Mon frère était pareil. » Il ne se passe pas un jour sans que quelqu'un vienne se plaindre de lui : sa maîtresse ou sa directrice d'école parce qu'il adopte une attitude d'opposition et de dominance, ou les voisins, qui ne supportent plus de l'entendre courir dans l'appartement. La bagarre est son mode de relation privilégiée avec les enfants de son âge. Le père n'est là que le week-end, car il est en poste à Londres depuis un an. À l'école, il n'acquiert pas correctement les compétences. Il est suivi par une orthophoniste depuis un an, car il présente un retard de langage, ce qui augmente ses troubles du comportement. Un bilan psychologique met en évidence une impulsivité ainsi qu'un déficit attentionnel, mais aussi des angoisses : de toute évidence, Colin lutte contre la dépression. Celle de sa mère ne fut pas difficile à diagnostiquer ; elle en souffre depuis plus de deux ans : un deuil, le départ de son mari pour Londres et les difficultés de Colin en sont la cause. Si Colin se comporte de la sorte, c'est parce qu'il tente d'envoyer un électrochoc, selon l'expression de Françoise Dolto, à sa mère pour la maintenir en éveil. Une fois la maman de Colin sortie de sa dépression, l'enfant à lui aussi pu être « guéri ». Il s'est pacifié, il s'est socialisé, il s'est montré plus attentif et concentré en classe.

Malgré quelques atouts (pour récapituler : les hommes se repèrent mieux dans l'espace, procèdent à des raisonnements mathématiques plus performants et exécutent les mouvements avec plus de précision et une plus grande vitesse), **les hommes ont donc apparemment des compétences cognitives qui, dans le monde d'aujourd'hui, qu'il s'agisse d'intégration sociale, de réussite scolaire ou professionnelle et d'épanouissement personnel, sont moins avantageuses que celles des femmes.** À en croire les neurosciences, les hommes présenteraient même une propension à l'inadaptation : les femmes domineraient dans le domaine du culturel et du relationnel, alors que les hommes stagneraient dans l'envie de pouvoir et l'opposition.

Les conseils du pédopsy

En premier lieu, il faut refuser le diktat de la testostérone. On a vu que son taux varie avec l'âge. Très abondant au moment de l'adolescence, le taux de sécrétion commence à décroître, lentement mais sûrement, dès l'âge de 25 ans, ce qui devrait rendre les hommes plus souples à mesure qu'ils gagnent en maturité. En second lieu, toutes les études que nous avons évoquées n'établissent que des moyennes. Certains hommes sont bien évidemment loquaces, empathiques, attentifs, intuitifs, lettrés, pacifiques, diplomates, émotifs, capables de résister à la frustration et paternels, et certaines femmes dominantes, impulsives, sportives, analytiques, agressives au volant, cartésiennes et hermétiques aux romans. On sait en outre qu'il y a beaucoup plus de points communs que de différences entre les filles et les garçons, et qu'il n'est pas rare de retrouver plus de différences entre deux garçons (ou entre deux filles) qu'entre un garçon et une fille. D'ailleurs, les neurobiologistes eux-mêmes considèrent que 10 % des femmes ont un cerveau masculin, et 20 % des hommes un cerveau féminin.

Pour certains chercheurs en neurosciences, les différences cognitives entre les sexes seraient déjà présentes chez les très jeunes enfants, et ce avant même que des facteurs liés à la socialisation et à l'expérience n'aient pu jouer un rôle quelconque. Mais, pour d'autres, leur origine est – à proportion égale – génétique, congénitale et éducationnelle. J'appartiens à ces médecins qui, par leurs observations, estiment que, pour expliquer de telles différences, les champs sociaux et éducatifs jouent un rôle bien plus important que les déterminations génétiques ou biologiques. N'oublions pas que l'expression des gènes peut être influencée par l'environnement et l'histoire individuelle de la personne ; et que le mode d'expression du gène en question, une fois modifié par l'environnement, va pouvoir se transmettre à la descendance de la personne. Ainsi, un génome favorisant l'impulsivité peut être tempéré dans son expression, notamment par une éducation adaptée, et cette tempérance peut être transmise génétiquement aux descendants.

Nous avons vu que les différences d'éducation entre les garçons et les filles expliquent bien des variations statistiques. Par exemple, les adultes parlent davantage de l'entre-soi émotionnel à leur bébé fille qu'à leur garçonnet, tandis qu'ils vont davantage parler à ce dernier des faits extérieurs à la relation. Voilà donc un facteur éducatif qui se fait au détriment des garçons et qui pourrait expliquer qu'ils développent moins d'empathie et font preuve de moins d'intelligence émotionnelle. De même pour ce qui concerne les capacités d'introspection : cette compétence se développe dès la toute petite enfance grâce à des échanges interpersonnels entre l'enfant et l'adulte qui l'éduque. Faites donc aussi bien attention à entretenir ce type d'échanges avec votre fils.

Prenez le temps de discuter de façon informelle avec votre garçon, de lui demander à quoi il pense lors d'un trajet en bus, par exemple.

Questionnez-le sur ses rêves, demandez-lui ce qu'il envisage de faire le week-end prochain, invitez-le à anticiper sa journée de classe du lendemain, racontez-lui des histoires.

Ne cherchez pas à l'occuper à tout prix et ne lui mettez pas un jeu vidéo entre les mains à chaque temps mort.

Dans une salle d'attente, proposez-lui de lire ou de discuter avec vous de choses et d'autres, et pas seulement d'école.

Autorisez-vous aussi en sa présence des temps de rêverie.

À la faiblesse constitutionnelle des garçons s'ajoute une faiblesse identitaire qui s'aggrave depuis une vingtaine d'années. La virilité a longtemps embrassé des qualités humaines où la force côtoyait la constance, l'élégance, le courage, la sagesse, la morale, la pudeur, la maturité, la tendresse, l'autorité, l'esprit… Aujourd'hui, le terme de virilité devient presque péjoratif tant l'identité masculine se cherche et vit la tentation de se recroqueviller dans un positionnement machiste. Cela pose la question des modèles qui sont proposés de nos jours aux garçonnets et aux ados.

IV

EN PERTE D'IDENTITÉ

15

Le poids des stéréotypes

Un certain nombre de garçons – notamment ceux qui rencontrent des difficultés scolaires, émotionnelles ou comportementales – ont besoin d'être soutenus dans leur recherche d'identité. Or il y a différentes manières de se sentir garçon, et c'est à chacun de trouver la sienne. Mais quelle qu'elle soit, l'estime de soi dépend en grande partie de la manière avec laquelle on se sent dans sa peau de garçon. Se sentir content et pourquoi pas fier d'être garçon, comme on peut être fière d'être fille, participe de l'envie de se conduire avec dignité. Être en accord avec le sentiment qu'on a de son identité, quelles que soient ses aspirations, ses pensées, ses actions, ses besoins, ses désirs, tant que rien ne porte préjudice à autrui, est un facteur d'équilibre psychique et affectif, et le garant d'une bonne intégration sociale. Le soutien vient de l'entourage familial, notamment, mais il dépend aussi de la place qui est réservée aux hommes dans la société ainsi que de celle qu'ils prennent lorsqu'ils sont pères.

Les caractéristiques des garçons ne sont pas génétiques

Certes, nous avons vu dans la partie consacrée aux différences physiologiques entre les garçons et les filles, que l'impulsivité et l'agressivité seraient plus spécifiques aux garçons à cause de la testostérone [1]. Ces différences expliqueraient également que les garçons peinent davantage à accomplir plusieurs tâches à la fois, à communiquer, à faire preuve d'empathie, d'intuition ou encore d'intelligence émotionnelle. On a vu aussi combien ils sont surreprésentés dans les statistiques des maladies d'apprentissage, combien ils sont plus volontiers violents et toxicomaniaques, combien ils sont enclins à plonger dans la délinquance, nombreux à mourir accidentellement ou par suicide. Mais comment déduire une règle de ces différences statistiques qui sont loin d'être si manifestes quand on observe individuellement un garçon et une fille ? Et, quand bien même la majorité des garçons viendraient de Mars, royaume du chromosome Y et de la testostérone, avec son cortège de caractéristiques présentées comme des handicaps dans nos sociétés (agressivité, impulsivité), se montrer fataliste serait faire peu de cas de l'influence de l'environnement sur l'expression des gènes et de la plasticité cérébrale.

Arrêtons-nous à présent plus longuement sur l'épigénétisme, dont il a été question précédemment. Il a été démontré que les femmes enceintes durant les événements du 11 septembre 2001 ont eu des enfants qui possédaient des taux de cortisol plus élevé que la moyenne. Une grand-mère qui a connu la famine va transmettre cette information à sa descendance et son petit-fils pourra développer des réactions physiques comme s'il avait lui-même connu cette famine. Il est possible que, comme pour l'autisme, des facteurs épigénétiques expliquent que les filles soient moins victimes de maladies d'apprentissage. D'ailleurs, parmi elles, la dyscalculie est l'une des rares qui touchent moins, en valeur relative, les garçons que les filles. Or on sait combien la famille et la société ont tendance à soutenir, chez le garçon, l'apprentissage des mathématiques. Si des facteurs génétiques jouent un rôle dans l'expressivité de tel ou tel comportement, les facteurs environnementaux, familiaux et sociaux vont favoriser son expression ou au contraire l'éteindre. Ce sont ces facteurs qu'il faut découvrir et sur lesquels il faut jouer pour surmonter au mieux les obstacles induits par les spécificités sexuelles.

C'est que le cerveau est une matière vivante, il s'adapte, il se montre d'une grande plasticité, il est en perpétuel remaniement. Les connexions entre les neurones, à l'instar de fils électriques, peuvent se débrancher ici et se rebrancher là. Entre neurones, l'activité peut se révéler plus ou moins intense ou se modifier. De nouveaux neurones peuvent apparaître. L'apprentissage de la lecture, qui touche d'ailleurs différentes aires, dont celles du langage, entraîne des modifications que l'imagerie par résonance magnétique (IRM) rend visibles. Une étude célèbre réalisée sur les chauffeurs de taxi londoniens montrait que la région de l'hippocampe (siège de la mémoire) spécialisée dans l'acquisition et la gestion d'informations spatiales complexes était plus grande chez eux que chez les chauffeurs de bus, les premiers devant connaître tout Londres et les seconds ne suivre qu'un nombre limité d'itinéraires [2]. Lorsque vous devenez expert dans un domaine spécifique, les zones du cerveau qui gèrent les compétences nécessaires grandissent. La plasticité cérébrale explique aussi qu'une personne victime de lésions cérébrales peut récupérer certaines fonctions : d'autres zones prennent le relais des zones endommagées. Or la plasticité cérébrale des garçons est la même que celle des filles. Et la plasticité est aux ordres de l'environnement.

Les conseils du pédopsy

Pour les écoliers, l'environnement, c'est ce qui se passe à la maison et à l'école. Tenons compte de leurs spécificités pour mieux adapter le cadre scolaire des garçons.

Développons leur capacité de communication.

Tirons profit de leur esprit de compétition, pour les aider à progresser, s'il est vrai qu'il est, du fait de l'imprégnation hormonale, plus important.

Valorisons, par exemple, leurs qualités de représentation spatiale (lesquelles ne cessent de croître chez les femmes qui ont une vie professionnelle, preuve que la plasticité cérébrale n'est pas un vain mot [3]), mais développons aussi leur vision en deux dimensions.

> Favorisons l'usage des nouvelles technologies, notamment les rendus sur ordinateur qui semblent les motiver davantage, et moins les inhiber, puisqu'ils limitent chez eux l'engagement émotionnel propre à l'écriture manuscrite.
>
> Adaptons le cadre éducatif et scolaire pour réduire les effets de l'impulsivité en leur faisant faire davantage d'exercices physiques, en embauchant un personnel masculin, en leur enseignant la maîtrise de soi et en dispensant un enseignement moins statique.
>
> Prenons appui sur les mécanismes d'identifications sexuées pour les mettre en présence d'adultes du même sexe à l'aise dans les champs des compétences cognitives où les garçons sont généralement en difficulté.
>
> Luttons contre les stéréotypes, qui enferment les garçons dans des possibilités d'être et restreignent leur pouvoir de se sentir garçon, nuisant par là au développement de certaines compétences sur le plan affectif, cognitif et comportemental.

Jamais auparavant les enfants n'ont été si précocement sous l'influence de ces stéréotypes. Jadis, les bébés filles et les bébés garçons n'étaient pas aussi différenciés qu'aujourd'hui. Désormais, les vêtements, les accessoires, le cadre de la chambre expriment clairement le sexe du bébé. Les jouets sont parmi les premiers à entretenir la force de ces stéréotypes.

16

LE COFFRE À JOUETS VERROUILLÉ

Le cabinet Conseil et formation sur les questions d'égalité femmes-hommes a passé au crible dix catalogues de jouets pour enfants parus pour Noël 2013. Quatre catalogues de grandes surfaces, cinq de magasins de jouets et un de magasin ayant un important rayon de jouets. On y trouve des pages mixtes pour garçons et filles, des pages pour filles, des pages pour garçons et des pages neutres (où le genre n'est pas clairement affiché). Ces dernières réunissent essentiellement des jeux d'éveil, des jeux en bois, des jeux de société, des nouvelles technologies et des cuisines. Notons au passage que l'univers de la cuisine, depuis certaines émissions télévisées mettant en scène notamment des chefs hommes, n'est plus exclusivement réservé aux filles.

Les codes couleurs sont encore sexués. Le gris, le rouge ou le vert sont mixtes ou neutres. Le bleu et le gris-noir sont réservés aux garçons. En revanche, le rose et le violet sont les couleurs exclusives des filles. Sur les 557 garçons présents dans ces dix catalogues et dont les vêtements sont visibles, 35 % sont vêtus de bleu, 23 % de gris et 12 % de rouge. Cette sexualisation des couleurs, exclusivement d'origine culturelle (elle remonte au début du XXe siècle), est un facteur limitant surtout pour les garçons, car certaines couleurs sont totalement prohibées. En consultation, je ne rencontre pas de filles qui s'interdisent le bleu, par exemple. En revanche, le rose, voire le mauve, est proscrit par nombre de garçons, qui affirment qu'« ils sont pour les filles ». Je me souviens d'avoir vu en consultation un enfant de 5 ans qui, voulant dessiner un cochon, prit le feutre rose avant de le reposer en disant tout haut : « Non, je ne peux pas, le rose, c'est pour les filles. » Cette anecdote prouve bien qu'on prive l'enfant d'instruments non seulement esthétiques, mais aussi cognitifs et affectifs puisque les couleurs sont associées aux émotions dans le psychisme de l'enfant.

Revenons aux catalogues. Les garçons y sont présentés comme étant plus actifs que les filles. Ils sont majoritairement photographiés en mouvement ou en pleine action. À l'inverse, seuls 19 % des garçons apparaissent calmes, posés ou réfléchis (endormis, immobiles, endossant un déguisement ou tenant une peluche, observant d'autres enfants), quand les filles sont 31 %. Les peluches, à âge équivalent, sont différenciées sexuellement dans leur usage. Ce sont davantage les filles qui jouent avec et, quand ce sont des garçons qui présentent les peluches, c'est sur le mode de la plaisanterie ou c'est pour les chevaucher. Les loisirs créatifs ou artistiques (la musique, par exemple) sont présentés comme des domaines majoritairement

> *Evan, âgé de 5 ans, m'a été adressé par ses parents car il leur paraissait trop efféminé. Il ne voulait jouer qu'avec des poupées, des paillettes et ne porter que des vêtements de filles. Fait plus embêtant : il voulait devenir fille. En revanche, son faux jumeau, Logan, ne les inquiétait pas. Il était le prototype du garçon passionné de ballon et de voitures. Les parents prétendaient avoir été indifférents au sexe des enfants et ne pas avoir absolument souhaité une fille. Le suivi d'Evan a porté sur son manque d'assurance et sur les limites qu'il s'imposait. Tout se passait en effet comme si les deux frères s'étaient partagé des territoires et des possibilités d'être. J'ai pensé un temps qu'ils s'étaient partagé les parents sur un plan œdipien afin d'éviter la compétition autour de la mère, mais là n'était pas le facteur dominant. Au fil des entretiens thérapeutiques, Evan a levé les obstacles qui le restreignaient. Il a compris qu'il n'avait pas besoin de devenir ou de s'habiller en fille pour avoir le droit de jouer aux jeux dits de filles et qu'il pouvait être un vrai garçon tout en aimant les paillettes. Rassuré, il a alors compris qu'il pouvait étendre son territoire sans renoncer à ses goûts premiers. Il se mit à s'intéresser au jeu de la balle au mur, ce qui le rapprocha des garçons de sa classe, puis à d'autres jeux qui jusqu'alors n'intéressaient que son frère. Mais, surtout, il gagna en confiance et apparut plus à l'aise à l'école et plus ouvert. Les parents prirent ensuite contact avec moi afin que je prenne en charge Logan, qui commençait à déprimer : aux prises avec l'omnipotence de son frère, il avait besoin de retrouver sa place dans la famille.*

féminins [1]. Il en est de même pour les jeux de coopération (famille de personnages, groupes de personnages amis) et les jeux d'imitation. L'étude relève que les garçons sont surreprésentés dans les pages consacrées aux armes, aux déguisements de superhéros, aux voitures, à la compétition (jeux de société ou d'extérieur).

Ainsi, la lecture des catalogues de Noël montre que certaines dichotomies sont aussi genrées qu'irréconciliables. On peut considérer qu'ils reflètent une réalité sociale et constater qu'ils contribuent à imposer un univers genré et stéréotypé des inégalités hommes-femmes. Garçons et filles n'auraient pas les mêmes potentiels. En reproduisant ces univers différenciés, les spécialistes du jouet participent de l'intériorisation d'une réduction des modalités expressives, notamment chez les garçons. Ceux-ci apparaissent en général exclus des activités d'intérieur, des domaines liés à la sécurité et à la petite enfance (poupons), du champ de la coopération. Ils sont poussés vers l'extérieur, vers les prises de risques et la compétition, tandis que le masculin est associé à l'agressivité, au refus de la tendresse, à la limitation des émotions, à l'insensibilité artistique et au dépassement de soi.

Ce clivage sexué se retrouve dans les comportements parentaux qui, dès la naissance de l'enfant, font des choix de décoration, d'habillement, d'accessoires illustrés. Et les agents périphériques de la socialisation (jouets, habits, sport, livres, publicité…) sont eux aussi devenus de plus en plus sexués, et de plus en plus précocement. Ce phénomène s'internationalise avec la mondialisation où le « made in China » domine largement le marché. Autrefois, l'identité des enfants était indifférente ou libre environ jusqu'à l'âge de raison, puis ils se différenciaient les uns des autres.

Désormais, c'est beaucoup plus tôt qu'on les différencie. On peut interpréter ce constat comme la réaction à un monde qui n'est plus dichotomisé, comme il le fut pendant des siècles, dont les écoles sont devenues mixtes et les programmes scolaires communs, dont les secteurs professionnels se sont ouverts aux femmes, un monde qui cherche désormais à établir la parité et une autorité parentale conjointe. Ce n'est pas sans influence sur la construction identitaire des enfants puisque le noyau dur de la personnalité se construit les premières années. Les enfants, et en particulier les garçons, font les frais de cette angoisse qui saisit la société face à l'instauration de la parité. Le verrouillage des catalogues de jouets n'est donc pas que le produit d'une vision stéréotypée des fabricants. Ils sont le reflet des stéréotypes des acheteurs. Et le choix des jouets achetés pour les enfants véhicule très largement ces stéréotypes : les parents qui achètent un jeu de construction pour leur fille sont bien plus nombreux que ceux qui offrent un poupon à leur fils [2]. Si les jouets traditionnellement dits masculins sont tolérés pour les petites filles, les jouets traditionnellement féminins sont prohibés pour les garçons. Le champ des possibles apparaît plus ouvert pour les filles.

Pendant des siècles, le féminin a été présenté comme le complément du masculin, mais aussi comme son contraire et son inféodé. Cette discrimination sociologique et culturelle est toujours perceptible dans l'éducation que l'on donne actuellement aux enfants. Globalement, dans les jeux comme ailleurs, les parents adoptent précocement des attitudes contrastées, soutenant ou freinant certaines conduites selon le sexe de l'enfant. En tant que parent, on peut avoir une vision égalitaire des sexes et pour autant être sous l'influence de stéréotypes, de croyances, de sentiments, de modèles, de vécus et d'angoisses qui vont nourrir le regard et les attentes portés sur son enfant. Il n'est pas vrai qu'on élève un garçon et une fille de la même manière. Même les prénoms mixtes sont désormais présentés comme un facteur de confusion et sont de moins en moins donnés.

Des études ont montré qu'un même comportement de nourrisson est interprété différemment par les observateurs adultes selon qu'on leur précise que le bébé est une fille ou un garçon : aussi jugeront-ils le bébé coléreux ou capricieux. Une mère portera davantage son fils, et, si elle allaite, elle le sèvrera plus tardivement. Les échanges de la mère et surtout du père seront plus physiques avec un garçon. On lui parlera davantage de choses extérieures, de l'environnement, quand une mère se confiera davantage à son bébé fille. Il y aurait davantage de sourires échangés avec une fille, surtout de la part du père, qui aurait même tendance, dans ses gestes au quotidien, à réunir sa femme et sa fille et à séparer le garçon de sa mère. Mais le champ des possibles apparaît désormais plus réduit pour les garçons. Il en va ainsi du choix vestimentaire des filles, qui est plus diversifié, ainsi que de la coupe de cheveux : une grande majorité de mères considèrent que les cheveux courts peuvent être esthétiques pour une fillette. L'éducation sur le terrain des « normes » sexuelles dites traditionnelles apparaît plus figée pour les garçons. La crainte des moqueries (la première des insultes dans les cours de récréation serait « pd »[3]) et la peur d'influencer l'orientation sexuelle de l'enfant sont, avec les critères esthétiques, les raisons principales avancées par les parents pour ne pas acheter de poupées aux garçons, pour prohiber certains coloris de vêtements et pour ne pas leur laisser les cheveux trop longs. Les pères véhiculeraient davantage que les mères ce type de stéréotypes. Ils favoriseraient nettement les jeux corporels et guerriers avec leurs garçons. Ils négligeraient les jeux plus paisibles et les demandes d'aide. Mais ils sont aussi plus stricts avec eux sur le terrain afin de les protéger d'une éventuelle féminisation ou d'une moquerie. Avec les filles, s'ils offriraient spontanément des jouets féminins pensant leur faire plaisir, ils les laisseraient dans les faits beaucoup plus libres de leurs choix.

Il y a mille façons de devenir un homme. Laissons chaque garçon choisir la sienne tout en lui présentant les autres voies qui s'offrent à lui. Mais, quelle que soit sa route, regardons-le comme un garçon. Acceptons que notre fils devienne un homme licorne si c'est un choix et non le fruit d'un renoncement. Mais acceptons aussi qu'il soit un homme taureau.

17

LA VIRILITÉ N'EST PAS UN VILAIN DÉFAUT

Oublions les idées reçues sur la virilité et reconnaissons les difficultés spécifiques que doivent surmonter les garçons à l'adolescence. On l'a vu, ils sont à bien des égards plus fragiles que les filles. Flottant dans une identité masculine dont les contours n'ont jamais été aussi flous, ils ont plus de mal à se construire dans une société qui peine à instaurer une véritable égalité entre les sexes.

Il devient urgent de rassurer les garçons en les aidant à se sentir bien dans leur masculinité. C'est la seule façon de ne pas souffler sur les braises d'une guerre des sexes qui, contrairement aux apparences, ne s'est jamais vraiment éteinte. Si, de nos jours, les garçons semblent plus mal dans leur peau que les filles, c'est notamment parce que, à l'heure où la parole est une force, les garçons sont moins armés pour mettre en mots leurs ressentis, mais aussi pour s'affirmer et conquérir. Longtemps cette réserve toute masculine, cette façon de se contenir, cette maîtrise des émotions fut valorisée. Aujourd'hui, on donne crédit à celui qui s'exprime et qui libère ses émotions.

On est entré dans l'ère où l'expression émotionnelle participe pleinement de l'affirmation de soi et de la prise de pouvoir. Or, sur ce terrain-là, les filles ont plusieurs trains d'avance, pour des raisons culturelles, éducatives, physiologiques, génétiques peut-être et sans doute somatopsychiques (dues à l'influence du corps sur le psychisme). Les valeurs dites féminines sont aujourd'hui beaucoup plus valorisées pour la réussite sociale. La force, voire la violence physique, est désormais jugée très négativement, et tant mieux. Mais hélas ! c'est la virilité dans son ensemble qui est présentée volontiers comme un défaut à corriger. Pour aider les garçons, il faut leur permettre d'exprimer d'autres facettes de leur masculinité en les autorisant à se rendre, quoiqu'ils restent des hommes, sur le territoire dévolu jusqu'à présent aux femmes. En effet, le champ de la virilité apparaît bien plus étriqué que celui de la féminité. Les filles continuent de se sentir femmes quand elles explorent les domaines qui leur étaient autrefois interdits. Il n'en est pas de même pour les hommes.

Il ne faut pas hésiter à valoriser sa virilité quand l'adolescent emprunte cette voie. Aujourd'hui, le mot « virilité » est devenu sinon péjoratif, du moins suspect. Il convient de le réhabiliter. Le « gars viril » se voit trop vite assimilé à une sorte de bovin macho. Pis encore, nombre d'adolescents imaginent que pour être virils ils n'ont d'autre choix que de l'être au détriment des femmes, en faisant preuve de machisme. Il faut balayer cette idée reçue. Valoriser la virilité, ce n'est pas favoriser le machisme. La virilité n'est pas plus condamnable que la féminité. Le machisme est fondé sur la certitude d'une supériorité du sexe masculin sur le sexe féminin. La virilité n'a rien à voir avec cette conception.

Un garçon viril se définit par ce qu'il est, non par ce qu'il n'est pas. Il se sent différent des filles, ce qui ne doit pas être considéré comme du mépris. Il ne juge pas pour autant les femmes inférieures. Si un garçon est reconnu et soutenu dans ce qu'il est intrinsèquement et non en vertu d'une étiquette à laquelle il s'efforce de coller, il n'aura pas besoin de se grandir ou de s'affirmer aux dépens de l'autre sexe. Mépriser le féminin, le dévaloriser, c'est une manière de dire, dans une terrible réaction de défense et de désarroi : « Voilà ce que je ne suis pas. » Mais qui suis-je si je ne suis pas une femme ? C'est dans ce vide identitaire, où brillent par leur absence les modèles masculins auxquels il lui serait possible de s'identifier, que peuvent venir se nicher des réactions de mépris à l'égard des femmes. La virilité affirmée ne doit pas être dénigrée. Elle est une des facettes de la masculinité. Elle n'est pas la seule, mais elle n'est pas la moins acceptable. Elle ne résume pas la masculinité. Pas plus que la coquetterie ne résume la féminité.

Il ne faut pas non plus chercher à tout prix à enchérir sur les qualités « féminines » des garçons. Ne surtout pas les aider à retrouver une féminité intérieure. Cette idée, dans l'air du temps et relayée par le discours culturel ambiant (publicité, cinéma, littérature, médias), part d'un postulat contestable : la sensibilité, l'intuition, la fantaisie, l'empathie, la douceur, la capacité à convaincre plutôt qu'à contraindre seraient des qualités spécifiquement féminines. En premier lieu, elles ne sont pas génétiquement féminines puisqu'elles existent chez beaucoup de garçons. En outre, l'idée qu'un homme doit retenir ses pleurs et verrouiller ses émotions ne date que du XIXe siècle, qui l'a puisée dans l'Antiquité romaine [1]. Au Moyen Âge comme à la Renaissance, les hommes ne refusaient pas les larmes, s'épanchaient, exprimaient leur sensibilité et leur imagination, notamment dans l'art. Et même s'il est bon de proposer à l'enfant de développer des qualités qu'il n'a pas naturellement, quelles qu'elles soient, il ne sert à rien de s'acharner. En revanche, il est important de valoriser et de cultiver les qualités auxquelles un enfant aspire, quand bien même il s'agirait d'un ensemble qui structure la virilité telle qu'elle est définie traditionnellement.

Tendons à l'enfant tous les modèles possibles, mais soutenons-le quand il fait un choix. Les qualités de combativité, de force, de compétition, d'abnégation, de courage, de hiérarchisation, de droiture, de fidélité, de corporatisme sont parfois moquées et jugées soldatesques et rétrogrades quand elles sont mises en avant par les hommes. Certaines de ces qualités ont été associées à la domination masculine et de ce fait diabolisées par les féministes. Pourtant, bien des femmes les possèdent et n'hésitent pas aujourd'hui à les mettre en avant, notamment dans le monde du travail, dans des postes à responsabilités, là où les valeurs et les qualités guerrières sont de mise. Mais voilà, quand une femme les exprime, elle fait preuve de caractère ;

quand cela vient d'un homme, on lui reproche de faire le mâle dominant, voire le macho.

Accepter et valoriser les qualités intrinsèques de chaque enfant en les rattachant à son identité de fille et de garçon sont les meilleures façons de l'aider à se sentir bien dans son identité sexuelle. N'hésitons pas à définir plus largement la virilité, comme cela fut fait pour la féminité. Un garçon calme qui aime lire ou jouer à la dînette, qui nourrit son poupon comme un papa son bébé, n'est pas moins masculin qu'un enfant très actif, qui escalade chaque rocher qu'il croise, qui aime la bagarre « pour de faux » et qui est passionné de foot. Quel que soit son type d'activités ludiques, il y joue avec son corps de garçon et son imaginaire de garçon. À l'inverse, une fille footballeuse ou qui veut être chauffeur de poids lourd n'a pas à être qualifiée de « garçon manqué », car elle a tout d'une fille épanouie dans son désir.

Là où l'identité d'un adolescent court un réel danger, c'est quand il n'est pas soutenu ni reconnu dans ce qu'il est intrinsèquement, dans ses qualités masculines, dans sa virilité. **S'il ne trouve pas de modèle masculin valorisé qui corresponde à ses aspirations, il risque de se sentir mal dans sa peau, de se mésestimer, de perdre confiance en lui, de déprimer, de passer à l'acte, de devenir agressif ou encore de devenir macho, à défaut de devenir viril.** Si c'est le sexe féminin qui apparaît dans son environnement comme le seul sexe valorisé, le sexe dominant, il pourrait chercher à se définir en opposition à lui.

Attaquer, critiquer, vilipender, moquer ou mépriser l'autre sexe serait une façon de résister et de protéger une identité masculine vécue comme menacée. Cela expliquerait certaines réactions d'agressivité à l'encontre des femmes, que cette agressivité soit active (elle est la plus connue) ou passive (moins visible mais tout aussi misogyne). Et ce combat risque de devenir peu à peu l'essence même de cette identité masculine. Une essence corrodée qui est à la racine du machisme.

18

L'ÉCOLE DU MACHISME

Les droits des femmes acquis de haute lutte au cours du XXe siècle, l'égalité des sexes enfin reconnue devant la loi et la parité désormais institutionnalisée n'ont pas suffi à éradiquer le machisme. Beaucoup pensent qu'il suffit de lutter contre les inégalités qui persistent dans le monde du travail pour y parvenir. Je ne pense pas qu'on y remédie uniquement par ce biais-là. S'il prend aujourd'hui racine en Occident, notamment chez les jeunes, ce n'est pas tant en raison d'une quelconque prédominance masculine qu'à cause de situations d'infériorisation des hommes, et notamment des pères. Peu importe que ces situations soient objectives ou subjectives aux yeux des garçons. Les raisons ne sont plus idéologiques comme hier, ou plus seulement. Elles relèvent davantage aujourd'hui du registre sociologique et psychologique.

Paradoxalement, parmi les diverses situations qui, dans le monde occidental, exacerbent le machisme de certains garçons, l'une d'elle trouve son origine dans la révolution qui a permis à la moitié de la population occidentale d'obtenir des droits équivalents à l'autre.

> « *La mode, c'est les Arabes pour les filles, m'a dit un ado, car ils font plus mecs.* »

La France, pour ne prendre que cet exemple, est ouverte sur les autres cultures de la planète, qui reposent pour certaines sur une hiérarchisation marquée des rôles féminins et masculins. Beaucoup de Français issus de ces cultures en ont été imprégnés. Et il n'est pas rare que les petits-enfants croient retrouver leurs racines identitaires en prenant modèle sur leurs aïeuls, s'opposant par là à leurs parents qui avaient pris leur distance de façon radicale par rapport à leur culture d'origine.

À ce propos, je souhaiterai évoquer ce courant de jeunes traditionnalistes de banlieue qui se moquent de l'éducation moderne à l'occidental. Sur Twitter, on peut lire les délires des Babtou. « Babtou », c'est « Toubab » en verlan. « Toubab », c'était le nom donné aux Blancs dans les pays africains colonisés. On se moque, dans ces tweets, des jeunes Français blancs « de souche », de leur façon de vivre et d'être, de leur éducation. Certains considèrent ces tweets comme du racisme. D'autres les trouvent bon enfant. Leur succès témoigne en tout cas du différentiel culturel et éducatif entre une éducation dite moderne et une éducation à l'ancienne. Alors que souvent l'humour repose sur la moquerie des urbains à l'égard des provinciaux ou des civilisés vis-à-vis des retardés, ici, c'est l'inverse qu'on observe. Ceux qui sont éduqués à l'occidentale apparaissent ridicules. De telles critiques se rapprochent des moqueries antibourgeoises, antibobos, anti-intello qui font florès, mais elles vont parfois au-delà puisqu'elles blament la perte d'une forme de respect dû aux parents et, plus gênant, la parité, la liberté sexuelle, l'homosexualité. Sont considérés comme des délires de Babtous :

> Avoir besoin de boire pour se lâcher. Parler de cul normal avec la famille (parler de sexe avec ses parents). Marcher sur la Lune, gagner des prix Nobel, écrire des symphonies, construire des cathédrales. Appeler son enfant « Clémentine ». Parler mal à ses *darons*. Faire une soirée pyjama chez soi le soir. Mettre sa main dans la poche arrière de la meuf et la meuf fait la même chose. Dans la rue, appeler sa mère par son prénom. Se mettre nue sur la plage. Galocher bien comme il faut son petit copain devant ses parents. Dormir avec son gars à la maison. Critiquer la raison pure [1].

Et ce ne sont pas seulement les enfants d'immigrés qui vont emprunter au modèle familial traditionnel pour construire leurs propres références identitaires.

Trouver sa place dans le monde du travail

La crise économique actuelle favorise aussi les crispations identitaires et un retour aux modes de fonctionnement du passé. On se méfie des évolutions, quelles qu'elles soient. Dans les milieux populaires, le travail des hommes apparaît plus fondamental que celui des femmes : selon une enquête d'opinion récente, si un couple devait choisir, ce serait plutôt à la femme de renoncer à son travail ; dans ces milieux, le chômage des pères de famille est vécu, au-delà du drame économique, comme une atteinte identitaire car le rôle de l'homme est surtout déterminé à la maison par son apport financier, et son identité est avant tout professionnelle (dans la mesure où il ne gère pas les affaires « intérieures » de la maison). Or dans la crise actuelle, comme le rappelle Louis Maurin, de l'Observatoire des inégalités [2], le chômage touche davantage les hommes. Quand cette inactivité professionnelle du père de famille se prolonge, c'est la femme investie dans la domesticité qui, aux yeux des enfants, prend le pouvoir à la maison – qu'elle touche un revenu ou qu'elle perçoive des allocations. Les garçons de la famille peuvent ressentir péniblement le déclassement paternel et se construire psychologiquement avec le dessein de restaurer ce qu'ils perçoivent comme l'honneur perdu d'un père, d'un homme. Certains vont viser la réussite professionnelle, qui rendra la lumière à la filiation paternelle. Beaucoup n'y parviennent pas. On a vu que dans ces milieux paupérisés les enfants qui décrochent à l'école sont majoritairement des garçons. Et ce sont les filles qui, par leur meilleur niveau scolaire, auront la chance de trouver un emploi. Elles pourront aussi plus facilement changer de milieu par une union conjugale. Tout cela renforce le sentiment d'exclusion de ces jeunes hommes, qui risquent de s'abandonner à des conduites délinquantes, pour à la fois se donner un rôle actif et avoir un comportement de dominance, inspiré notamment par la mythologie cinématographique. Mais, pour lutter contre ce sentiment de domination féminine (mère pilier et sœurs meilleures à l'école), un positionnement machiste s'y associe bien souvent.

Beaucoup d'hommes actuels semblent en crise identitaire. Et la montée des idéologies d'extrême droite – qui s'appuient en particulier sur des valeurs masculines considérées comme dominantes (la force, l'ordre, l'esprit guerrier, le rejet de l'intellectualisme et de la tolérance) – est une des conséquences de cette crise. Pourtant, le machisme qui touche les jeunes hommes d'aujourd'hui n'est pas seulement une réaction à un pouvoir perdu. Ils peuvent se sentir directement menacés dans leur identité par ce qu'ils perçoivent comme un déséquilibre consécutif à l'émancipation féminine. Ce ne sont pas tant les nouveaux droits ou les nouveaux pouvoirs dévolus aux femmes que l'impression amère et angoissante d'en avoir perdu, au point d'éprouver un sentiment d'infériorité. Tout se passe comme si, dans leur esprit, les femmes avaient conquis la quasi-totalité du territoire des hommes et qu'elles pouvaient circuler librement dans ce qui était alors des terrains clivés, réservés à l'un ou à l'autre sexe. Quant aux hommes, non seulement ils ne se sentent plus seuls maîtres à bord sur leur territoire, mais en plus ils n'ont toujours pas accès à celui des femmes. Et, lorsqu'ils y ont accès, celui-ci n'est pas compatible à leurs yeux avec leur identité masculine.

Le garçon, depuis sa plus tendre enfance, craint la féminisation, car son identité masculine s'est généralement élaborée dans l'exclusion du féminin. Ces difficultés qu'éprouvent les hommes à élargir leurs « compétences à être » émanent aussi du regard social qui, de tout temps, a jugé le territoire masculin plus valorisant que le territoire féminin. Pendant des siècles, les aspirations des femmes à agir comme des hommes étaient moins condamnées que celles des hommes à agir comme des femmes. Une femme qui s'habillait en homme pour s'introduire dans l'armée en était chassée, mais on jugeait compréhensible qu'elle aspire à appartenir au sexe fort. En revanche, qu'un homme, comme il y en eut dans l'Histoire, décide de se vêtir et de se conduire comme une femme a longtemps été considéré comme un acte de folie pure. Aujourd'hui, on l'a vu, les métiers dévolus aux femmes se masculinisent beaucoup moins que ne se féminisent ceux qui étaient dévolus aux hommes. Les conseillers d'orientation reconnaissent que leurs recommandations, qui prônent la mixité, sont moins écoutées par les garçons et leur entourage. Et ce qui est vrai pour le monde du travail l'est pour la mode et l'éducation des enfants. Même la palette des émotions est plus étendue pour les femmes.

Dans son esprit, la femme qui investit des terres prétendument masculines ne perd rien de sa féminité, voire en gagne. Comme si la féminité prenait de l'ampleur à mesure que la femme élargissait son champ d'action, sans pour autant délaisser le territoire féminin. Car ce dernier, resté chasse gardée, demeure pour elle un lieu de ressource en cas de doute identitaire. En revanche, pour beaucoup d'hommes, investir le territoire des femmes est une régression. Les manifestations contre une loi « famille » et un hypothétique projet du gouvernement d'enseigner les théories du genre à l'école, au début de l'année 2014, s'inscrivaient dans ce courant d'inquiétudes. J'ai en tête la réaction d'une femme musulmane qui avait participé aux journées de retrait des enfants de l'école, et qui pensait qu'on allait y transformer son fils en fille. Dans ce projet de promotion de l'égalité entre les sexes en milieu scolaire (intitulé « ABCD de l'égalité »), ce n'était pas le fait qu'une femme puisse devenir chauffeur de bus qui inquiétait, mais le fait qu'un homme puisse, à l'instar du Roi-Soleil, porter des hauts talons et une perruque, ou encore qu'un garçon puisse jouer à la poupée. Face aux femmes qui, notamment dans le monde du travail, utilisent sans sourciller des stratégies offensives de conquête, il arrive que les jeunes hommes soient tentés de réaffirmer de façon offensive leurs qualités viriles, parfois de manière outrancière et machiste.

La violence a-t-elle un sexe ?

Les *a priori* qui sont véhiculés sur les hommes vont influencer l'éducation donnée aux garçons. Par exemple, plus une mère considère que les hommes sont machos et éduque son fils avec l'ambition qu'il se distingue de ce schéma, plus le risque est grand que l'enfant devienne macho lui-même, ne serait-ce que par souci d'émancipation (tout en devenant aussi psychorigide et clivant qu'elle). Et, si ce garçon devient comme elle, c'est-à-dire radicalement féministe, il transmettra possiblement le germe du machisme à son propre fils. Aussi, acceptons que chaque garçon puisse avoir un tempérament singulier et qu'il tricote ou détricote les différentes attentes que son entourage projette sur lui. Plus les attentes seront diverses, plus l'enfant aura la liberté d'opérer ses propres choix. Soyons lucides sur nos *a priori* du masculin et du féminin. Acceptons-les ou remettons-les en question, mais en tout état de cause adaptons-nous à nos garçons. Laissons-les exprimer leur identité masculine à leur manière et ne qualifions pas de féminin un comportement particulier au motif que c'est un garçon qui l'exprime. En revanche, veillons à ne pas établir de hiérarchie entre les sexes et à ne pas adopter de positionnement sexiste à l'encontre des deux sexes.

Le comportement machiste d'un père au sein du couple peut bien sûr faire le lit d'un futur machisme de l'enfant, et ce par mimétisme. Il en va de même d'une éducation qui laisserait croire au garçon que son sexe lui donne des droits sur l'autre. La violence conjugale à l'encontre des femmes est une forme extrême de machisme. Un plan de lutte contre la violence faite aux femmes a été mis en place en France en 2014, aidant notamment les victimes à briser le silence. Malheureusement, les campagnes de lutte ne montrent que des femmes parmi les victimes. On le comprend aisément : 121 femmes sont décédées des suites de ce type de violence en 2013[3]. Mais attention : ces campagnes ne doivent pas conduire à caté-

> *Le conflit entre Paul et son ex-femme ne s'est pas arrêté avec le divorce : ils devaient encore se partager la garde de trois enfants. Il a été décidé que le droit d'hébergement de Paul serait limité à un week-end sur deux et au mardi soir. La mère des enfants a prétendu qu'il était trop sévère avec leurs deux filles, qui ne voulaient plus aller chez leur père. Paul a déposé plainte pour non-présentation d'enfants et a saisi le juge aux Affaires familiales. La plainte a été classée sans suite, d'autant que la mère a déposé une main courante pour violence sur enfants. Il faudra attendre plusieurs mois pour que l'affaire passe devant le tribunal de grande instance. Entre-temps, les enfants ont été privés de leur père et les liens se sont distendus.*

goriser les hommes comme uniques acteurs potentiels de violences au sein du couple. Ce n'est pas seulement l'image des pères qui est menacée, c'est aussi, aux yeux des enfants, celle de l'homme en général.

Désormais, le personnel des commissariats prend au sérieux la plainte qu'une femme dépose pour violence conjugale. Est-ce une raison pour négliger le nombre d'hommes faussement accusés, notamment dans le cadre de conflits de séparation mettant en jeu la garde des enfants ? La lutte contre la violence conjugale ne doit pas passer sous silence le nombre d'hommes qui sont eux-mêmes, dans leur couple, victimes de violences physiques ou psychologiques. Selon une enquête de l'Observatoire national de la délinquance menée entre 2008 et 2012, ils seraient 70 000 par an à en avoir été victimes et seulement 3 500 (5 %) à avoir porté plainte. Certes, c'est bien moins que les 200 000 femmes qui en sont victimes, mais ce chiffre n'est pas quantité négligeable.

En France, un homme accusé de violence conjugale est placé en garde à vue, mais un homme qui vient se plaindre au commissariat aurait du mal à obtenir que sa plainte soit enregistrée sans qu'on lui rie au nez, comme le dénoncent ceux qui militent pour que ces victimes puissent être entendues. Ce n'est pas le cas aux États-Unis, en Suisse ou en Allemagne. Il n'existe pas de centre d'accueil spécifique en France en dehors d'une association loi 1901 : SOS hommes battus. Dans les situations que j'ai pu rencontrer, les hommes, parfois victimes de perverses manipulatrices, sont bien souvent attachés à leur compagne, mais ils se sentent démunis. Ils n'en parlent à personne, car ils sont sous leur emprise ou craignent qu'on ne les prenne pas au sérieux. Ils mettent la violence de leur compagne sur le compte d'une fatigue liée aux enfants ou au travail, ou sur celui d'une maladie nerveuse. Ce sont des hommes de tous milieux, qui peuvent occuper des postes à responsabilités où ils sont respectés par d'autres hommes.

Les femmes violentes, comme les hommes violents, ont un sentiment d'impunité. Elles ont pu s'identifier à un père autoritaire, mais aussi avoir été élevées sans père, avec une mère fusionnelle. Certaines sont sociopathes. La violence conjugale des femmes sur les hommes est d'autant plus importante que le couple est âgé, et elle se trouve favorisée par la différence d'âge qui se fait souvent aux dépens de l'homme. Ce type de violence conjugale peut faire le lit de comportements machistes chez l'enfant. Il convient donc d'éduquer nos garçons dans le sens du respect des femmes et de l'interdiction de leur faire violence, mais aussi du respect des hommes. Pourquoi n'enseigne-t-on pas aux fillettes qu'il leur est interdit de se montrer violentes, que ce soit verbalement ou physiquement, à l'encontre des garçonnets ? Pourquoi à l'école traite-t-on différemment les violences faites aux filles et celles faites aux garçons ? « Quand les filles nous tapent, elles ne sont jamais punies. Les maîtresses ne nous croient pas. Elles pleurent, alors on est puni », se plaignent certains garçonnets. Les réponses déséquilibrées à ce type de violence dans les cours de récréation sont le fait d'un personnel éducatif tant masculin que féminin.

Les fictions ou les dessins animés récents destinés à la jeunesse présentent de plus en plus de personnages féminins combatifs et bagarreurs qui n'hésitent pas à mettre violemment des garçons hors d'état de nuire. On serait choqué, à raison, si ces programmes montraient des garçons violenter des filles de la sorte. Les cours d'éducation à la sexualité insistent, fort heureusement, sur le respect que les garçons doivent aux filles. Mais sans doute devraient-ils insister sur la notion de respect mutuel. Et aussi sur la gravité des violences émotionnelles quand on joue avec les sentiments d'autrui. Aujourd'hui, les hommes blessants sont présentés comme des pervers narcissiques. Comme si ce type de personnalité pathologique ne concernait pas les femmes. Si, durant des siècles, on a présenté la perversité essentiellement sous les traits de femmes, de Pandore à Mélusine en passant par quelques sorcières maléfiques, c'est désormais au tour des hommes d'être catalogués manipulateurs, quand ils ne sont pas des irresponsables immatures, à l'image de tous les personnages masculins du film Disney *Maléfique*.

La lutte contre le machisme et la violence conjugale passe non seulement par le démantèlement des privilèges masculins à l'intérieur des structures de pouvoir, mais aussi par la lutte, dès l'enfance, contre toute forme de tolérance à l'égard des actes de violence, qu'ils soient le fait d'hommes ou de femmes. La masculinité doit être redéfinie dans l'éducation et dans les structures sociales, comme l'est la féminité depuis un demi-siècle. L'accent doit être mis sur l'engagement des hommes dans l'éducation des enfants et dans les soins à leur apporter. Cela est vrai dans les lieux d'accueil pour les enfants comme dans la maisonnée. Il est temps que les pères assument pleinement leurs responsabilités.

19

Debout les pères !

Les pères jouent un rôle évidemment fondamental dans la construction identitaire de leur fils. Encore faut-il qu'ils existent. La célèbre chanteuse américaine Katy Perry a déclaré au magazine *Rolling Stone* qu'elle se verrait bien faire un bébé toute seule : « Je n'ai pas besoin d'un homme. Nous sommes en 2014 ! On vit dans le futur, on n'a besoin de rien. » La féministe Marcella Iacub, de son côté, relève avec d'autres l'iniquité juridique qui, selon elle, pèse sur la fécondité en soulignant qu'une femme peut avorter sans en aviser le père de l'embryon [1]. En revanche, la paternité peut s'imposer à un homme qui subira plus aisément une recherche d'ADN sur décision de justice qu'il n'en obtiendra une s'il la sollicite. **L'ouverture du mariage aux personnes du même sexe a permis de prendre conscience, entre autres effets collatéraux, de la place de plus en plus réduite qui est réservée à l'homme dans la conception.** Le grand public a découvert que des femmes, lesbiennes ou non, avaient recours à l'insémination artificielle, le plus souvent en faisant appel à un donneur que l'enfant ne connaîtra jamais. L'acte est encore interdit en France, mais elles peuvent se rendre en Belgique ou en Espagne pour contourner l'obstacle que dresse devant elles la loi française.

Autrefois, celles qu'on appelait les filles-mères étaient mises au ban de la société et leurs enfants affublés du titre de bâtards. Être fille-mère n'était donc pas un choix et les jeunes filles veillaient à se marier avant de consentir à des relations sexuelles. Aujourd'hui, le cadre protecteur du mariage n'est plus nécessaire et la liberté des femmes d'élever un enfant seules est acquise. D'ailleurs, le statut de mère célibataire permet de bénéficier d'aides spécifiques. Avoir un enfant avec un homme, donner un père à son enfant devient une liberté de femme : elle seule peut en décider. L'homme, aujourd'hui, a la possibilité de faire appel à une mère porteuse, mais la démarche, illégale en France, est autrement plus compliquée et onéreuse. Elle a pourtant l'avantage de laisser la possibilité à l'enfant de connaître sa mère biologique s'il le souhaite. L'homme, en outre, n'a pas l'illusion de faire un enfant tout seul, contrairement à une femme qui a recours à l'insémination artificielle. Ces nouveaux modèles familiaux posent bien évidemment la question de la place du père. Mais encore faudrait-il que les pères existants occupent leur place.

En Grande-Bretagne, par exemple, on perçoit comme beaucoup moins épanouissant de devenir père que mère. C'est ce que relève une récente étude universitaire menée durant deux ans par l'Open University auprès de plus de 5 000 personnes [2]. Les couples sans enfant y apparaissent plus heureux en ménage que ceux qui en élèvent un ou plusieurs, chacun des membres des couples sans enfant se sentant davantage aimé par son partenaire. Mais ce résultat doit être relativisé, car les couples sans enfant sont en moyenne plus récemment unis. Plus intéressant pour notre sujet : les hommes et les femmes ne se déclarent pas comblés par leurs enfants de façon équivalente. Les femmes sans enfant, plus heureuses en couple, se déclarent cependant moins heureuses que les femmes qui vivent avec un enfant. Chez les hommes, l'inverse est de mise. Deux mères sur trois considèrent que leurs enfants [3] sont les personnes les plus importantes de leur vie. Les pères ne sont qu'un tiers à faire ce choix [4]. En revanche, les deux tiers des hommes considèrent leur partenaire comme la personne la plus importante pour leur bonheur. Un tiers des mères accordent cette place à leur conjoint. Le bonheur familial ne s'établit pas sur des bases paritaires.

Les pères ont un rôle prépondérant à jouer pour soutenir l'identité masculine des garçons, laquelle est la garantie de leur bien-être. Or ils ne sont pas toujours au rendez-vous, même s'ils sont plus présents qu'autrefois. Des pères absents, il y en a toujours eu. Mais jadis le patriarcat sociétal prenait le relais. Les pères étaient symbolisés par les figures tutélaires que croisait le jeune garçon tout au long de son parcours, du frère aîné à l'instituteur en passant par le prêtre, le responsable du camp de loisirs, le maître d'apprentissage, l'officier, lors du service militaire, et enfin le premier patron. L'autorité était masculine. Les anciens pères ne s'intéressaient pas aux soins de maternage, mais ils pouvaient partir en mer comme pêcheur, vendre leurs bras à des lieues à la ronde ou rejoindre le front, ils trônaient dans la parole de la mère, du reste de la famille et de l'entourage. Le portrait du père mort au front était accroché au-dessus du lit de sa veuve, à côté du crucifix. Les pères, de nos jours, ne peuvent plus se reposer sur cet ordre archaïque. Et, à défaut d'un éventuel beau-père dépourvu d'autorité légale, personne n'est là pour les remplacer. Or, ces dernières années, l'image du père – qui joue un rôle fondamental dans la construction de l'identité masculine du petit garçon – n'a jamais été aussi fragile. Cela compromet grandement l'estime de soi de l'enfant et la confiance qu'il se porte. **Des pères discrédités font des fils qui se déprécient.** Si l'on ne peut que se réjouir de la fin du patriarcat, la fragilisation du statut paternel porte préjudice aux garçons dans la relation à leur sexe ou à l'autre.

Aujourd'hui, les divorces ont engendré une nouvelle génération de pères : les pères du week-end, à la fois déresponsabilisés, frustrés et désemparés, voire déclassés par la parole méprisante de la mère comme par la parole publique. Et nombreux sont ceux qui, à l'adolescence de leur fils, s'éloignent de lui, à l'âge justement où il commence à imposer une distance entre lui et ses parents. Les médias braquent leurs projecteurs sur une minorité de pères militants qui revendiquent ne serait-ce que la garde alternée de leur enfant, mais beaucoup de pères divorcés, en garde minoritaire, refont leur vie, ont d'autres enfants ou vivent comme des ados et laissent les liens se distendre. **Hélas ! les décisions de justice définissant les modes de garde institutionnalisent le désaveu des pères.** Est-on passé d'un patriarcat laissant l'éducation à la mère sous le contrôle du père à un matriarcat opposant un parent principal, la mère, à un parent secondaire délégué aux vacances, le père ? Si les femmes gagnent du terrain – et c'est heureux – dans le monde du travail et les lieux de pouvoir, les pères en perdent dans le champ domestique.

Quand les séparations surviennent peu de temps après la naissance d'un enfant ou même pendant la grossesse, beaucoup d'hommes ont le sentiment d'être réduits à une fonction de géniteur ou de payeur de pension alimentaire. La justice familiale, largement dominée par un personnel féminin (70 % des magistrats sont des femmes dans les tribunaux aux affaires familiales [5]), semble très défavorable à la plupart des pères. Dans 77 % des divorces, la résidence de l'enfant est fixée chez la mère – chez le père dans seulement 8 % d'entre eux ; la résidence alternée n'est accordée que dans 15 % des cas. Les « maternalistes » répondent aux pères qui réclament leur droit à s'occuper de leur enfant que ce droit dépend exclusivement de leur investissement éducatif avant la séparation, investissement qui serait en outre un critère majeur permettant de préjuger de la qualité du lien ultérieur entre le père et l'enfant [6]. Certes, les pères peuvent encore s'investir davantage et mieux dans l'éducation de leurs jeunes enfants, mais ils doivent souvent forcer les choses pour pouvoir s'occuper de leur progéniture autant que les mères. Le fait de porter l'enfant, associé à des siècles de maternage féminin, établit que la mère se sent plus légitime et que le père s'autorise beaucoup moins. De plus, l'éducation qu'ils ont reçue enfants ne les a pas préparés à s'occuper de leur jeune descendance. Quand il s'agit de s'occuper du puîné, encore aujourd'hui on attendra davantage de la grande sœur. Une mère s'occupant moins que son mari d'un nouveau-né passerait pour une mauvaise mère. Or les liens d'attachement des trois premières années, primordiaux dans l'attachement futur, sont fortement compromis si le père est perçu par l'enfant comme secondaire.

On comprend, bien sûr, que les mères qui se sont davantage occupées de leur enfant petit aient du mal à s'en détacher après un divorce. Pourtant, une séparation parentale, malgré la douleur qu'elle inflige à l'enfant, est une occasion pour le père de s'autoriser à participer à l'éducation de son enfant s'il ne l'avait pas fait auparavant, de s'autonomiser et de se former à le faire. Cela se met en place d'autant plus aisément que le temps de garde accordé au père est important. **À l'inverse, une garde majoritaire dévolue à la mère installe le détachement entre le père et l'enfant.** L'argument avancé par les juges pour justifier leurs décisions non paritaires est que la plupart des pères ne demandent pas la garde majoritaire. C'est oublier un peu vite que celle-ci est spontanément proposée à la mère, non la résidence alternée. Bien souvent, les pères ne demandent pas la garde majoritaire parce qu'ils se sentent coupables – à plus forte raison s'ils sont déjà à l'origine de la séparation – à l'idée d'enlever en plus les enfants à leur mère. Ce n'est évidemment pas le cas quand ce sont les femmes qui ont choisi de quitter leur compagnon. Elles disent volontiers : « Il nous a quittés » en parlant d'elle et de ses enfants, associant par là la rupture à l'abandon des enfants. Rares sont les hommes, dans les très nombreuses consultations d'enfants de divorcés, à utiliser cette formule lorsqu'ils ont été quittés.

La société ne semble pas prête à voir les pères adopter ce mode de garde. En conséquence, si certains pères n'en ont clairement pas envie, beaucoup d'autres ne s'autorisent tout simplement pas à empiéter sur le terrain des mères pour être parent domestique à égalité. Tout comme les femmes, autrefois, ne s'imaginaient pas occuper un jour les postes de pouvoir. Pourtant, les tâches domestiques et l'éducation des enfants sont des freins au plein épanouissement professionnel des femmes diplômées. C'est aussi l'absence de parité domestique, que les parents soient en couple ou divorcés, qui bloque l'accès des mères aux postes à responsabilités. Dans un couple, un tiers seulement du travail domestique, parental et ménager est assuré par les hommes [7] (l'implication est encore plus faible chez les séniors). Pas étonnant que les hommes mariés rentabilisent mieux leur diplôme que les hommes célibataires et que ce soit l'inverse pour les femmes.

Les conseils du pédopsy

Au-delà des inégalités institutionnelles, il faut lutter contre les stéréotypes, les habitudes séculaires et contre la difficulté des hommes à assumer le travail domestique et celles des femmes à le leur déléguer.

Il faut aider les pères, divorcés ou non, à prendre leurs responsabilités (cela diminuera peut-être le nombre de divorces), car l'intérêt de l'enfant est de profiter de ses deux parents. Ce n'est pas parce que le père pense que l'enfant sera mieux avec sa mère – lui-même ayant été élevé ainsi, comme la plupart des gens de sa génération – ni parce qu'il n'a pas pris l'habitude de s'occuper de son enfant quand il était en couple que l'enfant n'a pas intérêt à profiter davantage de son père.

« Les pères ne demandent pas la garde alternée », disent les juges. N'est-il pas imaginable que ces magistrats, dans l'intérêt de l'enfant, les invitent à assumer leurs responsabilités ? À l'heure de la parité, il convient, pour que les enfants puissent profiter de leur père et pour que les garçons puissent s'investir pleinement dans leur future paternité, que la résidence alternée soit au fondement des réflexions sur le mode de garde. Bien sûr, elle sera ensuite aménagée au cas par cas. Il faut que les juges et la société encouragent les pères à tenir leur rôle et que les mères le reconnaissent.

Il faut que, dans le cadre de l'entreprise ou de la fonction publique, la paternité active soit reconnue et que le rôle du père ne soit plus réduit à la contribution économique ou à une pseudo-autorité paternelle supérieure, qui n'a plus de soubassement légal.

La double domiciliation qui a été votée dans la douleur au sein de la loi sur la famille, en 2014, est une avancée. Elle est reconnue quel que soit le taux de présence de l'enfant chez ses deux parents. Sa portée symbolique est forte, car l'enfant n'est plus considéré comme « hébergé » chez son père (le plus souvent). Il est autant chez lui chez son père que chez sa mère. Cela permet de lutter contre l'idée d'un parent principal et d'un parent secondaire. Et cela aidera les services scolaires et d'éducation à considérer davantage les parents à égalité.

Les pères des familles non éclatées ne sont d'ailleurs pas forcément plus présents auprès de leurs fils. Très souvent ils s'en remettent à la mère, y compris lors de l'adolescence, quand autrefois l'éducation des garçons pubères leur incombait totalement. Les médias ne devraient pas autant louer le schéma du père-assistant si l'on veut aider les garçons à se nourrir positivement de l'image paternelle. Les pères doivent passer plus de temps avec leurs enfants, garçons et filles, et ce dès la toute petite enfance, parler et faire des choses avec eux. C'est ainsi que le garçon renforcera sa personnalité et s'identifiera à ce modèle masculin. À la condition que les papas entrent en relation avec leurs fils, non pas comme le ferait la maman, mais avec leur nature et leur manière propres. Ils doivent avoir le désir et la force non seulement de détacher le garçon de la mère si ce lien est fusionnel (comme les mères devraient le faire avec un père « papa poule »), mais aussi de marquer leur territoire.

Les fonctions paternelles et maternelles ont connu une révolution ces quarante dernières années : le patriarcat social a été aboli, ainsi que son corollaire, le matriarcat domestique. La façon de vivre sa paternité et sa maternité également. Notons à ce propos que les femmes ne sont plus les seules à faire une dépression du *post partum* puisque, selon une étude récente du *JAMA*[8], 10 % des hommes présentent les signes de la dépression après la naissance de leur bébé : ils pleurent, ils ont des sautes d'humeur, ils souffrent de troubles du sommeil, ils sont anxieux, signes de dépression qui peuvent s'accompagner de gestes d'agressivité[9]. L'autorité parentale conjointe, les droits nouveaux acquis par les femmes, notamment dans le monde du travail, ont ouvert le champ des possibles dans les définitions des rôles parentaux. Les pères se sentent désormais autorisés à s'impliquer quotidiennement dans l'éducation des très jeunes enfants. On en voit les répercussions positives sur le développement des enfants. Et les récentes lois qui favorisent le congé parental paternel vont dans le bon sens. **Les responsabilités parentales devraient être plus équitablement partagées entre les parents.** Les femmes sont beaucoup plus nombreuses que les hommes à prendre un congé parental[10], à diminuer leur temps de travail ou à cesser leur activité professionnelle. C'est souvent l'une des raisons avancées pour justifier la moindre rémunération des femmes sur le marché du travail. Les pères doivent s'impliquer davantage et la société doit les aider à aller dans ce sens. C'est au père d'être actif dans ce domaine et aux entreprises, qu'elles soient dirigées par des hommes ou par des femmes, de considérer avec neutralité des demandes de réaménagement de l'organisation de leur travail afin de répondre à leurs responsabilités familiales.

Il faut aussi œuvrer bien évidemment pour une préparation du retour à l'emploi des femmes en congé parental, via une offre de formation et un accompagnement individualisé.

Soutenir l'identité d'un garçon, pour un père, c'est partager du temps avec lui dans des activités de loisirs, mais pas seulement. C'est se montrer disponible et ne pas toujours renvoyer l'enfant vers la mère quand celui-ci demande de l'aide, des câlins ou simplement exprime le besoin d'échanger.

Les garçonnets ont autant besoin des mots que les filles pour se structurer. Ce n'est pas parce que les garçons à l'adolescence boudent tout dialogue qu'ils n'ont pas besoin de mots qui les définissent, les recadrent, les confortent dans leur identité et les valorisent. Il est vrai qu'à cet âge le jeune homme fuit l'intimité avec sa mère – et il faut respecter cette pudeur –, mais cela ne veut pas dire qu'il n'est pas en demande de mots repères. Il est également vrai que ces mots ont un écho plus important lorsqu'ils viennent du père. Car, généralement, l'adolescent sait que la mère lui est, d'une certaine manière, acquise inconditionnellement. Faire des choses ensemble, c'est bien. Mais se parler est tout aussi essentiel. Un père qui parle de lui-même, de son travail, évoque des souvenirs de son adolescence, conçoit des projets avec son fils et met en place une relation qui, entre les lignes, dit qu'on peut être homme et communiquer ce qu'on ressent de manière intime, sans que cela soit pour autant une attitude féminine.

Il est important qu'un père rassure son fils sur ses qualités, le guide, le conseille, bref qu'il l'accompagne, avec ses mots de père et ses façons masculines de faire.

Conclusion

Ne fabriquons pas un nouveau sexe faible

Les garçons sont en danger dans leur constitution, leur santé, leur intelligence sociale, leur réussite scolaire, leur épanouissement moral, leur équilibre psychologique et affectif, leurs comportements, leur sécurité, voire leur future compétence parentale, mais aussi dans leur liberté et leur survie.

Il est temps d'agir auprès d'eux, dès la naissance et à tous les niveaux éducatifs et pédagogiques, en faisant abstraction des stéréotypes et des dogmes qui veulent en faire des privilégiés. C'est aux parents, aux professionnels de l'enfance, aux pouvoirs publics et à nous tous que revient cette mission essentielle. Se préoccuper du devenir de nos enfants mâles ne signifie pas que les fillettes ont l'assurance d'un avenir radieux. D'ailleurs, et c'est heureux, la présidence actuelle fait de la réussite éducative et du devenir des fillettes une de ses priorités dans le cadre de sa lutte pour l'égalité entre les sexes, présentée comme cause nationale. Mais cette lutte contre les inégalités semble négliger celles dont les garçons sont victimes.

Pourquoi passer sous silence les handicaps et les problèmes spécifiques aux garçons, qui ne sont guère connus ou reconnus et qui ne cessent de croître ? Protéger les garçons, mettre en lumière les différents domaines où ils apparaissent menacés, ce n'est pas faire de l'ombre aux fillettes. Masculin et féminin ne s'opposent pas. L'équilibre entre les hommes et les femmes repose sur l'équilibre de chacun d'eux.

La lutte pour le droit des femmes est une lutte permanente. Elle impose une vigilance constante. Les acquis d'un jour peuvent disparaître le lendemain. Et l'Occident, où d'ailleurs des progrès restent à faire notamment dans les domaines de l'égalité salariale et de la violence faite aux femmes, n'est pas un espace clos et hermétique. Il est soumis à des influences planétaires, dont certaines sont délétères pour l'égalité des droits. Mais cette accession à l'égalité ne doit pas prendre appui sur des espaces d'inégalité dont les garçons sont les victimes.

Il ne faut pas rétablir de frontières entre hommes et femmes. Pour qu'un véritable partage des droits soit instauré, la lutte des femmes et des hommes doit se faire côte à côte et non les uns contre les autres. Hommes et femmes sont concernés par les menaces qui pèsent sur nos garçons. Ne serait-ce qu'en tant que parents, mais aussi comme individus qui vivent en relation permanente avec l'autre sexe.

Alors qu'on n'a jamais été aussi attentif à permettre aux filles d'accéder à ce qui leur a fait défaut des siècles durant, il est temps également de veiller au bon développement des garçons, de les aider à ne pas devenir les représentants d'un nouveau sexe faible, afin que règnent pour de longs siècles, en bonne harmonie, deux sexes forts.

Remerciements

À mes parents.
Au docteur Gilles-Marie Valet.
À Nathalie Pourtalet.
À Cédric Weis.

BIBLIOGRAPHIE

ABRAMOV, I. et *alii*, « Sex and vision : spatio-temporal resolution », *Biology of sex differences*, 2012, 3(2).

AUDUC, Jean-Louis, *Sauvons les garçons*, Descartes et cie, 2009.

—, *Le Système éducatif français*, CRDP Créteil, 2006.

AYRAL, Sylvie, *La Fabrique des garçons. Sanction et genre au collège*, PUF, 2011.

BADINTER, Élisabeth, *Fausse route. Réflexion sur trente années de féminisme*, Odile Jacob, 2003.

BIEDERMAN, J., WILENS, T., MICK, E., MILBERGER, S., SPENCER, T.J., FARAONE, S.V., « Psychoactive substance use disorders in adults with attention deficit hyperactivity disorder (ADHD) : Effects of ADHD and psychiatric comorbidity », *American Journal of Psychiatry*, 1995, 152(11), p. 1652-1658.

BURMAN, D.D., BITAN, T., BOOTH, J.R., « Sex differences in neural processing of language among children », *Neuropsychologia*, avril 2008, 46(5), p. 1349-1362.

CLERGET, Stéphane, *Nos enfants aussi ont un sexe*, R. Laffont, 2001.

—, *Comment devient-on homo ou hétéro*, Lattès, 2006.

—, *Ils n'ont d'yeux que pour elle. Les jeunes et la télé*, Fayard, 2002.

—, *Adolescents, la crise nécessaire*, Fayard, 2000.

—, *Réussir à l'école. Une question d'amour ?*, Larousse, 2012.

DOTY, R. L, CAMERON, E.L., « Sex differences and reproductive hormone influence on human odor perception », *Physiology and behavior*, 97(2), 25 mai 2009, p. 213-228.

—, « Sex differences in human olfaction : between evidence and enigma », *Q. J. Exp. Psychol.*, 2001, 54(3), p. 259-270.

FIALKOV, M.J., HASLEY, S., « Psychotropic drug effects contributing to psychiatric hospitalization of children : A preliminary study », *Developmental and Behavioral Pediatrics*, 1984, 5(6), p. 325-330.

FISHER, R.L., FISHER, S., « Are we justified in treating children with psychotropic drugs ? », *In* S. Fisher et R.P. Greenberg (éd.), *From Placebo to Panacea : Putting Psychotropic Drugs to the Test*, New York, John Wiley & Sons, 1997, p. 307-322.

GENTILE, D., « Pathological Video-Game Use Among Youth Ages 8 to 18 : A National Study Douglas Gentile Psychological », *Science*, 2009, 20(5), p. 594-602.

HOULE, J., MISHARA, B.L., CHAGNON, F., « An empirical test of a mediation model of the impact of traditional masculine roles on suicidal behavior in men », *Journal of Affective Disorders,* 107, 2008, p. 37-43.

KUMPULA, E.-K., KOLVES K., DE LEO, D., « Male Suicide : What biological factors make men so vulnerable ? », *Chinese Mental Health Journal*, 25(9), 2011, p. 320.

LEAPER, C., SMITH, T.E., « A méta-analytic review of gender variations in children language use : talkativeness, affiliative speech, and assertive speech », *Developmental Psychology*, 40(6), nov. 2004, p. 993-1027.

LEBOVICI, S. et *alii*, « L'accident chez l'enfant et l'adolescent », in *Nouveau Traité de psychiatrie de l'enfant et de l'adolescent*, PUF.

MANNUZA, S., KLEIN, R.G., BESSLER, A., MALLOY, P., LAPADULA, M., « Adult outcome of hyperactive boys : Educational achievement, occupational rank, and psychiatric status », *Archives of General Psychiatry*, 50(7), 1993, p. 565-576.

MAZEAU, Michèle, *Dyspraxie et troubles non verbaux*, Paris, Elsevier-Masson, 2014.

MEHL, M.R. et *alii*, « Are women really more talkative than men ? », *Science*, 6 juillet 2007.

NAYEBI, Jean-Charles, *Enfants et adolescents face au numérique*, Odile Jacob, 2010.

PANCSOFAR N. et *alii*, « Work experiences and father vocabulary to infants in African American families in low-income rural communities », *Journal of Applied Developmental Psychology*, 34, 2013, p. 73-81.

PAULSON, J.F., BAZEMORE, S.D., « Prenatal and Postpartum Depression in Fathers and Its Association With Maternal Depression : A Meta-analysis », *JAMA*, 2010, 303(19), p. 1961-1969.

PRZYBYLSKI, A.K., « Electronic Gaming and Psychosocial Adjustment », *Pediatrics*, 4 août 2014.

RUFO, Marcel, « L'addiction aux jeux video : un danger pour les enfants », *Le Pèlerin*, 26 juillet 2013.

SHAYER, M., ADHAMI, M., « Realizing the cognitive potential of children 5-7 with a mathematics focus : Post-test and long-term effects of a 2-year intervention », *British Journal of Educational Psychology*, sept. 2010, 80(3), p. 363-379.

—, « Fostering Cognitive Development Through the Context of Mathematics : Results of the CAME Project », *Educational Studies in Mathematics*, mars 2007, 64(3), p. 265-291.

STEMPLE, L., MEYER, I.H., « The Sexual Victimization of Men in America : New Data Challenge Old Assumptions », *American Journal of Public Health*, juin 2014, 104(6), p. 19-26.

UTTAL, D.H., MEADOW, N.G., TIPTON, E., HAND, L.L., ALDEN, A.R., WARREN, C., Newcombe, N.S., « The malleability of spatial skills : A meta-analysis of training studies », *Psychological Bulletin*, 2013, 139(2), p. 352.

VALET, Gilles-Marie, *L'Âge de raison*, Larousse, 2007.

VALLEUR, Marc, MATYSIAK, Jean-Claude, *Sexe, passion et jeux vidéo, les nouvelles formes d'addiction*, Flammarion, 2003.

VELLE W., « Sex differences in sensory functions », *Perspect. Biol. Med.*, 1987, 30(4), p. 490-522.

VERDIER, Éric, FIRDION, Jean-Marie, *Homosexualité et suicide*, H&O Éditions, 2003.

VIDAL, Catherine, *Cerveau, sexe et pouvoir*, Belin, 2005.

Notes

1. *Tous des cancres*

1. Le Programme international pour le suivi des acquis des élèves (PISA) est un ensemble d'études menées par l'OCDE visant à mesurer les performances des systèmes éducatifs des pays membres. Les résultats de cette enquête ont été publiés en décembre 2013.
2. Système interministériel d'échange d'information.
3. Jean-Louis Auduc s'y montre favorable à la mise en place d'un enseignement non mixte et à une formation spécifique des enseignants ; il y réfléchit aux spécificités du savoir des filles par rapport à celui des garçons, avant d'y analyser des stratégies d'orientation.
4. Source de l'INSEE (qui relève d'un champ et d'une méthodologie différents de ceux du SIEI cités plus haut).
5. Cette donnée, comme les suivantes, provient de l'étude PISA 2012.
6. Cf. www.education.gouv.fr/cid4006/egalite-des-filles-et-des-garcons.html et la convention interministérielle pour l'égalité entre les filles et les garçons (2013-2018).
7. Quand elles se jugent excellentes en mathématiques, six filles sur dix vont en filière scientifique, contre huit garçons sur dix.

2. La mixité en cause

1. Chiffres datant de 2012.
2. Pour plus d'informations, voir « Les décrocheurs du système éducatif : de qui parle-t-on ? », INSEE, France, portrait social 2013 ; et « Décrochage scolaire : vers une mesure partagée », Bref Céreq, avril 2012.
3. Remplacé aujourd'hui par les baccalauréats professionnels.
4. Ils sont plus nombreux à bénéficier d'un assistant de vie scolaire.
5. Il s'agit de classes d'intégration spécialisée, pour les troubles d'apprentissage ou les troubles du comportement. Les classes destinées à lutter contre les troubles sévères du langage en font partie.
6. En 2014, année record, 87,9 % des candidats ont réussi le baccalauréat et 85,2 % le brevet des collèges.
7. Les deux tiers des nouveaux médecins français sont des femmes.
8. L'ENA est dirigée par une femme, Nathalie Loiseau, depuis 2012, et ce pour la première fois de son histoire.
9. Cf. la loi du 12 mars 2012 relative à l'accès à l'emploi titulaire et à l'amélioration des conditions d'emploi des agents contractuels dans la fonction publique, à la lutte contre les discriminations et portant diverses dispositions relatives à la fonction publique.
10. En Grande-Bretagne, sur les 25 meilleurs établissements scolaires classés par le *Sunday Times* en 2009, 21 étaient non mixtes ; 2 % des écoles publiques et 14 % des écoles privées sont non mixtes. Les États-Unis, depuis quelques années, connaissent la même dynamique : déjà 542 établissements mixtes sont devenus non mixtes. D'autres pays anglo-saxons prennent cette direction, parmi lesquels le Canada, l'Australie et l'Irlande.

NOTES

3. Lutter contre l'échec scolaire

1. Caroline Bouchard, « Gender differences in language development in french canadian children between 8 and 30 months of age », *Applied Psycholinguistics*, 30(4), 2009, p. 685-707.
2. L. Fenson et *alii*, « Variability in Early Communicative Development », Monographs of the Society for Research in Child Development, 59(5), 1994, p. 1-185.
3. M.R. Mehl et *alii*, « Are women really more talkative than men ? », *Science*, 6 juillet 2007.
4. Se dit de ce qui vise à créer des liens affectifs et sociaux entre les personnes.
5. C. Leaper, T.E. Smith, « A méta-analytic review of gender variations in children language use : talkativeness, affiliative speech, and assertive speech », *Developmental Psychology*, 40(6), nov. 2004, p. 993-1027. Doi : 10.1037/0012-1649.40.6.993.
6. J. Coates, *Women, Men and Language*, Londres, 3RD edition, 1993.
7. D.D. Burman, T. Bitan, J.R. Booth, « Sex différences in neural processing of language among children », *Neuropsychologia*, avril 2008, 46(5), p. 1349-1362.
8. N. Pancsofar et *alii*, « Work experiences and father vocabulary to infants in African American families in low-income rural communities », *Journal of Applied Developmental Psychology*, 34, 2013, p. 73-81.
9. Selon l'Institut national d'éducation et de prévention de la santé (INPES).
10. *Ibid.*
11. Michèle Mazeau, *Dyspraxie et troubles non verbaux*, Paris, Elsevier-Masson, 2014.
12. Il aide l'enfant à améliorer ses capacités à contrôler sa motricité, à inhiber un comportement donné et à élaborer des stratégies de comportement pour atteindre un but. On apprend

à l'enfant à utiliser un langage intérieur pour compenser son impulsivité, à intérioriser les instructions de l'adulte pour s'autocontrôler.

13. D'autres exercices visent à s'appuyer sur les fonctions intellectuelles préservées pour améliorer l'attention.

4. En l'absence des hommes

1. Depuis 2005, le nom d'un enfant dont la filiation est établie à l'égard de chacun des parents peut porter soit le nom du père, soit le nom de la mère, soit les deux noms accolés.
2. Chiffres du ministère de la Justice (*Le Figaro* du 19 sept. 2013).
3. En 2013, la note 12.02 des services statistiques du ministère de l'Enseignement supérieur montre que l'origine sociale des élèves en classes préparatoires des grandes écoles n'a pas changé. Seuls 12 % des élèves sont enfants d'ouvriers, d'inactifs ou de retraités.
4. www.oecd.org/pisa/keyfindings/pisa-2012-results.htm.
5. L'étude a été conduite par une équipe de cardiologues de l'université du Texas Southwestern Medical Center aux États-Unis auprès de 2 250 participants âgés de 12 à 49 ans.
6. C. Vigneron, « Les inégalités de réussite en EPS entre filles et garçons : déterminisme biologique ou fabrication scolaire ? », *Revue française de pédagogie*, n° 54, janv.-fév.-mars 2006, p. 111-124.
7. *Le Monde* du 29 août 2014.
8. Hongkong, Shanghai, Macao, Corée, Singapour.
9. S. Wayssettes, *Le Figaro*, 2 avril 2014.

5. L'emprise des jeux vidéo

1. A.K. Przybylski, « Electronic Gaming and Psychosocial Adjustment », *Pediatrics*, 4 août 2014. Doi : 10.1542/peds. 2013-4021.
2. Institut national de la santé et de la recherche médicale.
3. *Conduites addictives chez les adolescents. Usages, prévention et accompagnement*, Les éditions INSERM, 2014.
4. Cf. l'étude publiée en 2012 par le Syndicat national des jeux vidéo en France (SNJV) et D. Gentile, « Pathological Video-Game Use Among Youth Ages 8 to 18 : A National Study Douglas Gentile Psychological », *Science*, 2009, 20, 5, p. 594.
5. M. Shayer, M. Adhami, « Realizing the cognitive potential of children 5-7 with a mathematics focus : Post-test and long-term effects of a 2-year intervention », *British Journal of Educational Psychology*, sept. 2010, 80(3), p. 363-379.

6. La sexualité en danger

1. Étude publiée le 24 avril 2014 et communiquée par l'AFP.
2. Rapport de la commission d'enquête sénatoriale sur la délinquance des mineurs, 19 février 2002 (www.senat.fr/somtravaux.html).
3. Enquête publiée dans *Le Parisien* du 26 sept. 2009. Selon les audiences calculées par Médiamétrie, les séries américaines comme *NCIS : Enquêtes spéciales* ou *Les Experts*, interdites aux moins de 10 ans, sont vues par des enfants âgés de 4 à 10 ans (un épisode des *Experts* réunissant 8 millions de téléspectateurs est suivi par plus de 300 000 enfants à 21 heures).

8. Risqué d'être un garçon !

1. Source INSEE et Inserm-CépiDc (Centre d'épidémiologie sur les causes médicales de décès).
2. S. Lebovici et *alii*, « L'accident chez l'enfant et l'adolescent », in *Nouveau traité de psychiatrie de l'enfant et de l'adolescent*, PUF, chapitre 147.
3. En 1999-2000 (source : EHLASS, cinq hôpitaux).
4. Institut de veille sanitaire, 2009.
5. Chiffres 2009. Source : Organisation mondiale de la santé (OMS), rapport mondial sur la prévention des traumatismes chez l'enfant. Cent vingt-deux sont décédés à la suite d'un accident de la circulation (chiffres du ministère de l'Intérieur).
6. Le *sex ratio* est le nombre de cas de garçons divisés par le nombre de cas de filles. Si les deux sont équivalents, il est de 1. Plus il est élevé, plus le nombre de cas de garçons est élevé par rapport à celui des filles.
7. Selon une enquête TNS Sofres.
8. César lui-même en parle dans *La Guerre des Gaules*.
9. Baromètre santé de l'Institut national de prévention et d'éducation pour la santé (www.inpes.sante.fr/default.asp).
10. *Journal of Adolescent Health* du 3 septembre 2013.
11. Rapport du Pr Nisand de février 2012 pour le secrétariat d'État chargé de la Jeunesse et de la Vie associative.
12. Dérivation des pulsions en divers canaux de connaissances ou de pratiques artistiques.

9. De la mauvaise herbe

1. INSERM, 2014. À l'exception du tabac, dont la consommation est équivalente aujourd'hui entre les deux sexes (après avoir longtemps dominé chez les garçons), et des médicaments psychotropes, dont la consommation est plus fréquente chez les filles.

2. En sachant que la puberté des filles survient plus tôt, l'alcoolisation est relativement plus précoce chez les garçons postpubères.
3. Le *sex ratio* est de 2,7 pour l'usage régulier.
4. À 17 ans, le *sex ratio* est de 1,13 pour l'expérimentation ; de 1,21 pour l'usage dans le mois ; de 2,84 pour l'usage régulier.
5. *Le sex ratio* est de 2,28 pour les signes de dépendance.
6. La capacité à s'exprimer et à défendre ses droits sans empiéter sur ceux des autres (notamment par l'agressivité).
7. Trouble de déficit de l'attention avec hyperactivité.
8. M.J. Fialkov, S. Hasley, « Psychotropic drug effects contributing to psychiatric hospitalization of children : A preliminary study », *Developmental and Behavioral Pediatrics*, 1984, 5(6), p. 325-330.

10. *Les garçons victimes de leur violence*

1. Rapport de la commission d'enquête sénatoriale sur la délinquance des mineurs, art. cité.
2. Citée par Hana Rosin, Slate.fr du 16 août 2014.
3. L. Stemple, I.H. Meyer, « The Sexual Victimization of Men in America : New Data Challenge Old Assumptions », *American Journal of Public Health*, juin 2014, 104(6), p. 19-26. Doi : 10.2105/AJPH.2014.301946.
4. Elle est par définition sans lien avec des conduites antisociales et des troubles bipolaires.

11. *Les garçons à l'école du crime*

1. 77 731, c'est le nombre de mineurs délinquants pour lesquels un juge pour enfants a été saisi (chiffre UNICEF, 2010), dont la moitié ont entre 15 et 16 ans.

2. Cf. Sylvie Ayral, *La Fabrique des garçons. Sanction et genre au collège*, PUF, 2011.
3. Rapport de la commission d'enquête sénatoriale sur la délinquance des mineurs, art. cité.
4. *Ibid.*

12. *Ces garçons qui se tuent*

1. Et deux fois plus de morts chez les garçons que chez les filles.
2. Étude de Zachary Kaminsky publiée par l'*American Journal of Psychiatry* en juillet 2014 (www.hopkinsmedicine.org/news/media/releases/a_blood_test_for_suicide).
3. Une baisse de sécrétion de sérotonine, l'hormone de la sérénité, une hyperactivité de l'axe hypothalamo-pituitaire-surrénalien et une surproduction de noradrénaline sont évoquées. Ces signes sont-ils des causes ou des marqueurs ? D'autres prélèvements montrent que, chez des personnes ayant survécu à une tentative de suicide, le taux de cholestérol sanguin baisse et celui de cortisol augmente. Sur le plan génétique, la vulnérabilité au suicide pourrait être héréditaire. Mais les gènes n'expliquent pas directement la raison pour laquelle les hommes se suicident davantage.
4. E.-K. Kumpula, K. Kolves, D. De Leo, « Male Suicide : What biological factors make men so vulnerable ? », *Chinese Mental Health Journal*, 25(9), 2011, p. 320.
5. Janie Houle, Marc-André Dufour, « Intervenir auprès des hommes suicidaires », *Psychologie Québec*, vol. 27, n° 1, janvier 2010, p. 27-29.
6. J. Houle, B.L. Mishara, F. Chagnon, « An empirical test of a mediation model of the impact of traditional masculine roles on suicidal behavior in men », *Journal of Affective Disorders*, 107, 2008, p. 37-43.
7. Éric Verdier, Jean-Marie Firdion, *Homosexualité et suicide*, H&O Éditions, 2003.

13. L'homme en danger

1. Ou maladie des membranes hyalines, l'une des causes principales de détresse respiratoire du nouveau-né. Elle est liée à une immaturité pulmonaire et affecte en particulier le prématuré.
2. Les examens des échantillons de sperme de plus de 26 000 donneurs menant une vie saine âgés de 35 ans ont révélé que le nombre de spermatozoïdes avait chuté brutalement de 32,2 % par millilitre entre les années 1989 et 2005 (étude publiée en 2012 dans la revue *Human Reproduction*).

14. Des gènes très gênants

1. Voir les propos de Catalina Betancur, directrice de recherche INSERM, interviewée à ce sujet dans *Le Figaro* du 28 février 2014.
2. Yasuhiro Yamauchi, Jonathan M. Riel, Zoia Stoytcheva, Monika A. Ward, « Two Y Genes Can Replace the Entire Y Chromosome for Assisted Reproduction in the Mouse », *Science*, n° 3, janvier 2014, p. 69-72. DOI : 10.1126/science.1242544.
3. J. Tesarik, C. Mendoza, « Spermatid injection into human ovocytes. I. Laboratory techniques and special features of zygote development », *Hum Reprod.*, avril 1996, 11(4), p. 772-779.
4. D. Cortez, R. Marin, D. Toledo-Flores, L. Froidevaux, A. Liechti, P.D. Waters, F. Grutzner, H. Kaessmann, « Origins and functional évolution of Y chromosomes across mammals », *Nature*, avril 2014, 24(508), p. 488-493. Doi : 10.1038/nature13151. Daniel W. Bellott et *alii* « Mammalian Y chromosomes retain widely expressed dosage-sensitive regulators », *Nature*, avril 2014, 24(508), p. 494-499. Doi :10.1038/nature13206.

5. R. Cieri, « Caniofacial feminization, social tolérance and the origins of behavioral modernity », *Current Anthropology*, août 2014. DOI : 10.1086/6777209.

6. C'est pourquoi, après la ménopause, en l'absence d'œstrogènes, on voit des signes de masculinisation chez les femmes, telle l'apparition de poils au-dessus de la lèvre supérieure. C'est plus net encore chez les femmes minces, car la graisse transforme les dérivés de la testostérone en œstrogènes.

7. Ian S. Penton-Voak et Jennie Y. Chen, « High salivary testosterone is linked to masculine male facial appearance in humans », *Evolution and Human Behavior*, vol. 25, n° 4, juillet 2004, p. 229-241.

8. Pourcentage de femmes et d'hommes atteints au sein de la population.

9. Modes d'expression différents d'une même maladie chez les hommes et chez les femmes.

10. Jennifer S. Mascaro, Patrick D. Hackett, James K. Rilling, « Testicular volume is inversely correlated with nurturing-related brain activity in human fathers », *PNAS*, publié en ligne avant parution le 9 septembre 2013. Doi : 10.1073/pnas.1305579110.

11. Daryl B. O'Connor et *alii*, « Activational effects of testostérone on cognitive function in menu », *Neuropsychologia*, vol. 39, n° 13, 2001, p. 1385-1394.

12. L'ensemble des processus cognitifs et affectifs impliqués dans les relations sociales.

13. Jack van Honka, Dennis J. Schuttera, Peter A. Bosa, Anne-Wil Kruijtc et *alii*, *Testosterone Administration Impairs Cognitive Empathy in Women Depending on Second-to-Fourth Digit Ratio*, éd. Bruce S. McEwen, The Rockefeller University, New York, 2011.

14. Thimothy D. Wilson et *alii*, « Just think : The challenges of the disengaged mind », *Science*, 4 juillet 2014, 345(6192), p. 75-77.

15. Selon certaines études dites statistiques, car prenant au hasard un homme ou une femme, l'homme pourrait se révéler

plus compétent sur le plan sensoriel que la femme. Ces différences ne se retrouvant pas chez les nouveau-nés, c'est donc après qu'elles apparaissent (cf. Catherine Vidal, *Le Monde* du 25 avril 2013) : si l'influence hormonale joue un rôle, d'autres facteurs environnementaux et éducatifs seraient impliqués.

16. R.L. Doty, E.L. Cameron, « Sex differences and reproductives hormone influence on human odor perception », *Physiology and behavior*, 97(2), 25 mai 2009, p 213-228 ; « Sex differences in human olfaction : between evidence and enigma », *Q. J. Exp. Psychol.*, 2001, 54(3), p. 259-270 ; I. Abramov et *alii*, « Sex and vision : spatio-temporal resolution », *Biology of sex differences*, 2012, 3(2).

15. Le poids des stéréotypes

1. Voir p. 190.
2. E. A. Maguire, K. Woollett, H. J. Spiers, « London taxi drivers and bus drivers : A structural MRI and neuropsychological analysis », article publié en ligne, 5 oct. 2006, DOI : 10.1002/hipo.20233/.
3. Catherine Vidal, *Cerveau, sexe et pouvoir*, Belin, 2005 ; D.H. Uttal, N.G. Meadow, E. Tipton, L.L. Hand, A.R. Alden, C. Warren, N.S. Newcombe, « The malleability of spatial skills : A meta-analysis of training studies », *Psychological Bulletin*, 2013, 139(2), p. 352.

16. Le coffre à jouets verrouillé

1. Respectivement présentés par des filles à 59 % et 74 %.
2. Enquête quantitative « womenologie » Paris-banlieue diffusée du 30 octobre au 12 novembre 2013 par Aufeminin.com.
3. D. Winterman, « How gay become children's insult of choice », *BBC News Magazine*, 18 mars 2008, selon une étude

conduite par l'association des enseignants (Association of Teachers and Lectures).

17. La virilité n'est pas un vilain défaut

1. Cf. Piroska Nagy, *Le Don des larmes au Moyen Âge*, Albin Michel, 2000.

18. L'école du machisme

1. https://twitter.com/delire2babtou et www.zebigweb.com/_DelireDeBabtou.html.
2. Interview à *Libération*, 7 avril 2014.
3. www.lemonde.fr/societe/article/2014/05/07/146-morts-de-violences-conjugales-en-2013_4412602_3224.html#udrTrCZgrLqTmVm1.99.

19. Debout les pères !

1. Marcela Iacub, *L'Empire du ventre. Pour une autre histoire de la maternité*, Fayard, 2004.
2. *Enduring Love ? Couple Relationships in the 21st Century. Survey Findings Report*, The Open University, novembre 2013.
3. De 10 à 17 ans. Elles sont 76 % avec des enfants de 0 à 10 ans et 40 % avec des enfants de 18 ans et plus.
4. Avec des enfants de 10 à 17 ans. Ils sont un sur deux pour des enfants de moins de 10 ans. Et seulement 9 % pour des enfants de 18 ans et plus.
5. Mais, selon Céline Bessière (« Résidence alternée : la justice face aux rapports de sexe et de classe », *Lien social et*

politique, n° 69, 2013), le sexe du magistrat n'aurait pas d'influence sur le type de décision rendue, ce qui signifie que les 30 % de magistrats hommes jugeraient avec les mêmes *a priori* que leurs collègues féminines.

6. Pascale Sebille, Carole Brugeilles, « La participation des pères aux soins et à l'éducation des enfants », *Politiques sociales et familiales*, 2009, 95(95), p. 19-32.

7. *Femmes et hommes. Regards sur la parité*, INSEE Références, 2012.

8. J.F. Paulson, S.D. Bazemore, « Prenatal and Postpartum Depression in Fathers and Its Association With Maternal Depression : A Meta-analysis », *JAMA*, 2010, 303(19), p. 1961-1969.

9. Ils surviennent entre le premier trimestre de grossesse et l'année qui suit l'accouchement. La période la plus à risque est entre 3 et 6 mois après la naissance. Les papas ont habituellement entre 20 et 30 ans. Cette dépression mérite toutefois autant d'attention que celle des mères. La dépression d'un parent favorisant celle de l'autre et ayant des répercussions sur le nouveau-né, il importe de centrer la prise en charge sur la famille.

10. Depuis le 1er juillet 2014, les parents d'un premier enfant auront droit à six mois en plus des six mois alloués s'ils sont pris par le second parent. Le congé parental devient prestation partagée de l'éducation de l'enfant. Depuis le 1er janvier 2015, le congé de trois ans pour le second enfant est maintenu à la condition qu'il soit pris en partie (au moins six mois) par le second parent (en pratique, le père).

TABLE

Introduction 9

I
LES GARÇONS À L'ÉCOLE

1. Tous des cancres 15
2. La mixité en cause 25
3. Lutter contre l'échec scolaire 33
4. En l'absence des hommes 59

II
DES COMPORTEMENTS DESTRUCTEURS

5. L'emprise des jeux vidéo 83
6. La sexualité en danger 93
7. Le garçon, cet éternel opposant 109
8. Risqué d'être un garçon ! 117
9. Mauvaise herbe 131
10. Les garçons victimes de leur violence 139

11. Les garçons à l'école du crime.................... 149
12. Ces garçons qui se tuent............................ 157

III
PETITE NATURE

13. L'homme en danger 171
14. Des gènes très gênants 177

IV
EN PERTE D'IDENTITÉ

15. Le poids des stéréotypes........................... 201
16. Le coffre à jouets verrouillé....................... 207
17. La virilité n'est pas un vilain défaut............ 215
18. L'école du machisme 221
19. Debout les pères !................................... 233

Conclusion 245

Remerciements 247
Bibliographie.. 249
Notes.. 253

Mise en page par Meta-systems
59100 Roubaix

Achevé d'imprimer en janvier 2015
par Normandie Roto Impression s.a.s., 61250 Lonrai
N° d'impression : 1500311
N°édition : L.01EHBN000666.N001
Dépôt légal : février 2015

Imprimé en France